Das Ende der Euromantik

Roland Vaubel

Das Ende der Euromantik

Neustart jetzt

 Springer

Roland Vaubel
Volkswirtschaftslehre
Universität Mannheim
Mannheim, Deutschland

ISBN 978-3-658-18562-6   ISBN 978-3-658-18563-3   (eBook)
https://doi.org/10.1007/978-3-658-18563-3

Die Deutsche Nationalbibliothek verzeichnet diese Publikation in der Deutschen Nationalbibliografie; detaillierte bibliografische Daten sind im Internet über http:// dnb.d-nb.de abrufbar.

Gedruckt auf säurefreiem und chlorfrei gebleichtem Papier

Springer ist Teil von Springer Nature
Die eingetragene Gesellschaft ist Springer Fachmedien Wiesbaden GmbH
Die Anschrift der Gesellschaft ist: Abraham-Lincoln-Str. 46, 65189 Wiesbaden, Germany

Vorwort

Die Zeichen stehen auf Zentralisierung. Paris wünscht
für die Eurozone ein Budget, das durch Eigenmittel und
Schulden finanziert und in Krisenländern eingesetzt wird.
Es soll einen Euro-Finanzminister, ein Euro-Parlament
und eine gemeinsame Versicherung der Bankguthaben
geben. In Berlin ist man nicht abgeneigt. Aber das alles
kostet Geld und belastet vor allem den deutschen Steuerzahler. Die Umverteilung zwischen den Mitgliedstaaten schwächt den Anreiz, gute Politik zu machen. Ist der
„immer engere Zusammenschluss", den die Präambel des
EU-Vertrags fordert, die richtige Antwort auf die krisen-
hafte Entwicklung und die europapolitische Ernüchterung
der letzten Jahre?

Dieses Buch versucht zu enthüllen und zu erklären, was
geschah, um schließlich daraus positive Lehren zu ziehen.

Viele der Fakten sind weitgehend unbekannt. Um die politischen Hintergründe offen zu legen, werte ich Zeitungs- und Fernsehinterviews und die Memoiren der beteiligten Akteure aus. Dutzende von Zitaten belegen und verdeutlichen meine Darstellung. Die Recherchen fördern einen hochpolitischen Entscheidungsprozess voller Überraschungen, Tricks und Rechtsbrüche zutage. Im Rückgriff auf meine juristische Ausbildung und die rechtswissenschaftliche Literatur versuche ich, die verschiedenen Rechtsverstöße – ich komme auf insgesamt siebzehn – kurz, einfach und allgemein verständlich darzustellen.

Zu den Ursachen der europapolitischen Ernüchterung gehört zweifellos auch das Versagen in der Einwanderungspolitik. Ich begründe, weshalb die Freizügigkeit nicht den gleichen Rang wie die anderen Grundfreiheiten beanspruchen kann und weshalb manche Rechtfertigungen einer unkontrollierten Freizügigkeit im vorliegenden Fall gar nicht anwendbar sind. Ich widerspreche der weitverbreiteten Meinung, dass ein Land, dessen einheimische Bevölkerung schrumpft, darauf angewiesen ist, den Rückgang durch Zuwanderung auszugleichen. Ich zeige, wie sich mit dem Bevölkerungsrückgang leben lässt, selbst wenn die Rentenversicherung nach dem Umlageverfahren funktioniert.

Ist es Fakt, dass die Europapolitiker nicht mehr das tun, was die Bürger wünschen? Oder wird das nur von übelwollenden Euroskeptikern behauptet? Eine Klärung ist möglich. Dazu muss man den Europapolitikern und den Bürgern zum selben Zeitpunkt dieselben Fragen stellen und die Antworten vergleichen. Eurobarometer – das

Umfrageinstitut der Europäischen Kommission – würde das nie tun, aber es gibt Forscher, die derartige Untersuchungen vorgelegt haben. Auch diese Ergebnisse sind weitgehend unbekannt. Sie belegen, dass die Europapolitiker stärker zentralisieren wollen, als den Bürgern lieb ist. Außerdem zeigt sich, dass die Deutschen mehr Vertrauen zu ihren eigenen politischen Institutionen haben als zu den europäischen.

Anstatt den Zentralisierungsprozess einfach immer weiter zu treiben, sollte man sich an den Wünschen der Bürger orientieren und versuchen, ein effizientes und stabiles Gleichgewicht zu finden. Dazu müssen die europäischen Institutionen, einschließlich der Währungsunion, reformiert werden. Die Reformvorschläge sollten realistisch, das heißt konsensfähig, sein. Unter den Regierungen der Mitgliedstaaten bestand Konsens über die Reformen, die man im Februar 2016 dem damaligen britischen Premierminister David Cameron anbot. Daran sollte man anknüpfen. Das tue ich ausführlich im letzten Kapitel des Buches.

Was die Währungsunion angeht, ist das, was man Cameron zugestand, unergiebig, denn Großbritannien gehört ihr nicht an. Aber auch im Währungsbereich kann man vieles verbessern, ohne die Verträge ändern zu müssen. Ich präsentiere acht Vorschläge, die die EZB von sich aus realisieren könnte, und drei, die lediglich eine Änderung der einfachen EU-Gesetzgebung erfordern. Sehr viel ambitiöser wäre eine Neugliederung des Euroraums. Ich zeige, dass ökonomische Kriterien für eine Dreiteilung sprechen und wer in welche Gruppe gehört.

In der Computersprache ausgedrückt ist meine Empfehlung: „Aktualisieren und neu starten". Sie lautet nicht „Herunterfahren". Schalten Sie das Programm nicht ab!

Im Juni 2017   Roland Vaubel

Inhaltsverzeichnis

1

Weshalb der Euro der Preis für die Wiedervereinigung war

Die europäische Währungsunion war von Anfang an ein französisches Anliegen. Die erste offizielle Initiative lancierte 1968 Raymond Barre, der damals Vize-Präsident der EWG-Kommission war. Er wurde später unter dem französischen Präsidenten Giscard d'Estaing Premierminister. Barre und Giscard forderten auch schon damals einen europäischen Währungsfonds. Als 2011 der sogenannte „Europäische Stabilitätsmechanismus" (ESM) beschlossen wurde, sah der französische Präsident Nikolas Sarkozy darin triumphierend den „Beginn eines Europäischen Währungsfonds"[1].

Paris hatte auf der ganzen Linie erreicht, was es schon immer wollte.

Aber der konkrete Anstoß für den Euro ging 1988 vom deutschen Außenminister Hans-Dietrich Genscher aus. Als FDP-Vorsitzender veröffentlichte er im Februar 1988

© Springer Fachmedien Wiesbaden 2018
R. Vaubel, *Das Ende der Euromantik*,
https://doi.org/10.1007/978-3-658-18563-3_1

zur totalen Überraschung des Finanzministeriums und der Bundesbank ein „Memorandum", das eine Einheitswährung für die Europäischen Gemeinschaften vorsah. Hans Tietmeyer – damals noch Staatssekretär im Bundesfinanzministerium – schrieb später, dass es ein „innerhalb der Bundesregierung nicht abgestimmtes Papier" war[2]. Er beschwerte sich heftig bei Staatssekretär Hans Werner Lautenschlager – dem zuständigen Beamten des Auswärtigen Amtes – über das unkollegiale Verfahren[3]. Auch bei Bundesbank-Präsident Karl-Otto Pöhl „löste Genschers Vorgehen [...] Erstaunen aus, will man es milde ausdrücken", so Pöhls Worte[4]. Finanzminister Gerhard Stoltenberg bezeichnete Genschers Memorandum als „in der Sache problematisch"[5] und schrieb eine Gegenerklärung. Vorher eingeweiht hatte Genscher jedoch Bundeskanzler Helmut Kohl, den europäischen Kommissionspräsidenten Jacques Delors und Roland Dumas, der zu diesem Zeitpunkt außenpolitischer Berater des französischen Präsidenten war und wenig später Außenminister wurde[3].

Weshalb wollte Genscher die Einheitswährung, und weshalb kam er damit gerade im Februar 1988 heraus?

Im Oktober 1987 hatte die deutsche Seite bei einem Treffen in Den Haag vorgeschlagen, die französischen und britischen Nuklearpotenziale in eine europäische Verteidigungsidentität einzubringen. Kanzleramtsminister Wolfgang Schäuble nannte das eine „politische Union mit nuklearer Komponente". Diesem Ansinnen hatten Paris und London dezidiert widersprochen[6]. Genscher wollte sich damit jedoch nicht abfinden. Bernard Conolly – damals Beamter bei der Europäischen Kommission – hat Genschers Kalkül so beschrieben:

Genscher wollte die Rolle Deutschlands – wirtschaftlich ein Riese, aber politisch ein Zwerg – ändern … Die politische Union sollte der Kanal für Deutschlands außenpolitischen Einfluss werden. Genscher war bereit, Frankreich eine Verringerung des deutschen Einflusses im Bereich der Geldpolitik anzubieten, um im Gegenzug das außenpolitische Gewicht Deutschlands zu vergrößern. Denn die Geldpolitik interessierte ihn wenig[7], [8].

Das galt sicher auch für Kohl. Schließlich war die Bundesbank unabhängig und ihre Geldpolitik damit dem Einfluss der Bundesregierung entzogen. Dass Kohl die D-Mark als Tauschobjekt betrachtete, kann man auch daran sehen, dass er dem amerikanischen Außenminister James Baker sagte, die europäische Währungsunion gehe für sich genommen „gegen deutsche Interessen". Das ist durch die Akten des Kanzleramts bezeugt[9].

Mehr als alle anderen Kabinettsmitglieder bekam Genscher als Außenminister die französische Unzufriedenheit zu spüren. Paris empfand die stabilitätspolitische Führungsrolle der Deutschen Bundesbank als deklassierend. An sich waren im damaligen europäischen Währungssystem alle Zentralbanken gleichberechtigt. Aber die Bundesbank war der erfolgreichste Wettbewerber und setzte Maßstäbe. Der „Franc fort" wurde in Frankfurt von der Bundesbank erzwungen. Der feste Wechselkurs zur D-Mark hinderte Mitterrand daran, die Wirtschafts- und Sozialpolitik zu verfolgen, die er sich vorgenommen hatte. Darüber beklagte sich Dumas regelmäßig bei Genscher[3].

Auf Genschers Memorandum folgte noch im selben Jahr auf einem Gipfeltreffen in Hannover die Entscheidung, eine europäische Expertenkommission einzuberufen – das sogenannte Delors-Komitee. Ursprünglich hatte Kohl den Vorsitz der Kommission Bundesbank-Präsident Pöhl angeboten. Dieser hatte daraufhin das Vorhaben unterstützt[3]. Zu seiner großen Überraschung und Enttäuschung erfuhr Pöhl jedoch am Morgen des Hannoveraner Gipfels von seinem belgischen Amtskollegen Jean Godaux, dass Kohl den anderen Regierungen Delors als Vorsitzenden vorgeschlagen hatte[10]. „Das war einer der dunkelsten Momente in meiner Zeit als Bundesbank-Präsident – das muss ich sagen", gestand Pöhl später. „Ich war tief enttäuscht über die Entwicklung"[10]. „Ich war mit der Zusammensetzung des Ausschusses nicht einverstanden. Sie widersprach dem, was – wie ich dachte – mit der Bundesregierung vereinbart worden war"[4]. Pöhl wollte zunächst seine Teilnahme an dem Komitee absagen und sprach mit Stoltenberg darüber[3]. Stoltenberg berichtet darüber: „Ich habe mit Herrn Pöhl darüber geredet, der über die Änderung der Leitungsfunktion zu Jacques Delors überrascht war"[10]. Er riet Pöhl, trotzdem an dem Komitee teilzunehmen. Rein formell hat Kohl selbst zunächst dem französischen Staatspräsidenten und dann dem Europäischen Rat Delors als Vorsitzenden vorgeschlagen[10]. Aber Stoltenberg vermutet – wohl zu Recht –, dass Mitterrand dahinter steckte[5].

Das Delors-Komitee hatte den Auftrag, „konkrete Schritte vorzuschlagen, die zur Wirtschafts- und Währungsunion führen würden". Es sollte also nicht das „Ob", sondern bereits das „Wie" der Währungsunion erörtern. Das Komitee legte seinen Bericht pflichtschuldigst im April 1989 vor. Er wurde zwei Monate später vom Europäischen Rat angenommen.

Nun herrschte große Unsicherheit, wie es denn weitergehen sollte. Kohl zögerte. Wollte er nur die nächste Bundestagswahl abwarten? Seine Wiederwahl erschien alles andere als gesichert. Die Meinungsumfragen waren so ungünstig, dass Lothar Späth erwog, ihm den Parteivorsitz streitig zu machen. Hätte Kohl das geplante Tauschgeschäft „außenpolitisch-militärische Union gegen D-Mark-Verzicht" gegen den geballten Widerstand des Finanzministers, der Bundesbank, des neuen FDP-Vorsitzenden Otto Graf Lambsdorff[11] und der öffentlichen Meinung in Deutschland durchsetzen können? Wie Delors später in einem Zeitungsinterview erklärte, habe er selbst damals keinesfalls vor 2005 mit der Einheitswährung gerechnet[12].

Die Mauer fällt

Die Situation änderte sich schlagartig, als im November in Berlin die Mauer fiel und Kohl noch im selben Monat im Bundestag einen Zehn-Punkte-Plan für die Wiedervereinigung vorlegte. Denn für die Wiedervereinigung brauchte er die Zustimmung der vier Siegermächte. Mitterrand witterte seine Chance. „Man spürte, dass Kohl Zugeständnisse machen würde", erklärte er später. „Die Deutschen wollten die Wiedervereinigung, und diesem Willen konnte sich niemand widersetzen. Wir konnten einfach nur darüber verhandeln, wie die Interessen aller gewahrt werden konnten"[10].

Als Genscher zwei Tage nach Kohls Bundestagsrede zu einem Routinebesuch in Paris eintraf, kam es zu einem Gespräch mit Präsident Mitterrand. Dumas hat behauptet, Genscher habe ihn gebeten, dieses Gespräch zu ermöglichen[10] – aber wahrscheinlich erst, nachdem Dumas es ihm (nach Rücksprache mit Mitterrand) nahe gelegt hatte.

In diesem Gespräch wurde das Tauschgeschäft für den Euro geschmiedet. Es war nicht der Deal, den Genscher und Kohl ursprünglich im Sinn gehabt hatten. Mitterrand forderte als Preis für seine Zustimmung zur Wiedervereinigung die Festlegung eines Termins für die Umsetzung des Delors-Berichts. Gleich auf dem europäischen Gipfeltreffen Mitte Dezember in Straßburg solle bekannt gegeben werden, dass im nächsten Jahr eine Regierungskonferenz zusammentreten werde, die die notwendigen Veränderungen des europäischen Vertrages festlegen würde. Elisabeth Guigou, die zuständige Mitarbeiterin Mitterrands, die an der Unterredung mit Genscher teilnahm, hat Mitterrands Gesprächsführung so beschrieben: „Er war sogar ziemlich brutal. Er sagte: Ich werde in Straßburg die Fixierung eines Datums fordern. Wenn wir uns da nicht einig sind, kann ich (in der Frage der Wiedervereinigung) nichts tun"[10]. Genscher erklärte sein Einverständnis und sagte zu, die Sache mit Kohl zu besprechen. Kohl stimmte nach längerem Zögern kurz vor dem Gipfeltreffen zu.

Fröhlich berichtet, dass man im Kanzleramt „in Genschers Drängen, andernfalls würde Paris den Einigungsprozess behindern, […] vor allem den von Genscher ventilierten Einfluss Dumas' auf Mitterand vermutete"[6]. Die ursprüngliche Idee für das Tauschgeschäft stammte also wahrscheinlich nicht von Mitterand, sondern von Dumas.

Das Junktim zwischen Euro und Wiedervereinigung ist von verschiedenen Beratern Mitterrands bestätigt worden. Jacques Attali schrieb über das Straßburger Gipfeltreffen: „Helmut Kohl schloss sich dem Prozess der Wirtschafts- und Währungsunion an, während die zwölf Staats- und Regierungschefs zustimmten, dass das deutsche Volk seine Einheit wieder finden würde"[13]. Im Interview fügte er hinzu: „Wir verdanken die Einheitswährung der französischen Zurückhaltung hinsichtlich einer bedingungslosen Wiedervereinigung […] Die Einheitswährung wäre ohne François Mitterands Zurückhaltung hinsichtlich der deutschen Wiedervereinigung nicht geschaffen worden"[10].

Hubert Védrine – Vertrauter Mitterrands und später sein Außenminister – geht noch weiter. Er sagte 1999:

Ohne dieses Ereignis (den Fall der Mauer) wäre man zweifellos noch heute damit beschäftigt, vorbereitende Ausschüsse für die Wirtschafts- und Währungsunion einzuberufen. … Der Präsident hat Ende 1989 die Gunst der Stunde genutzt, um von Kohl eine Zusage zu bekommen. Es gab einen kurzen Augenblick, in dem sich Kohl sicher genug war, dass die Wiedervereinigung kommen würde, aber nicht davon ausgehen konnte, dass sie schnell und ohne Schwierigkeiten über die Bühne gehen würde. Er konnte es sich daher nicht leisten, auf ein Entgegenkommen gegenüber seinen Partnern zu verzichten. Sechs Monate später wäre es zu spät gewesen: Kein französischer

Präsident hätte dann noch von einem deutschen Bundeskanzler die Zustimmung zur Einheitswährung bekommen
können[14].

Das ist natürlich übertrieben. Aber Genscher und Kohl
hätten später wieder als Gegenleistung die außenpolitisch-
militärische Union verlangt. Dieses ursprüngliche Ver-
handlungsziel blieb nun auf der Strecke. Zwar versuchte
die deutsche Delegation auf der Regierungskonferenz,
auch die Politische Union zu thematisieren, aber Paris
war nicht interessiert[3]. Die Wiedervereinigung war für
Frankreich sogar ein Grund, die Politische Union noch
vehementer abzulehnen, denn nun würde das politische
Gewicht Deutschlands noch größer werden und Frankreich zum Juniorpartner degradiert.

Man mag einwenden, dass Guigou, Attali und Védrine
ein Interesse daran hatten, die staatsmännische Leistung
Mitterrands – und ihren eigenen Beitrag dazu – im Nach-
hinein zu glorifizieren. Deshalb ist es interessant und
wichtig, auch die deutschen Augenzeugen heranzuziehen.
Horst Teltschik – der außenpolitische Chefberater Kohls
im Kanzleramt – sagte, wie er selbst in seinen Memoiren
erwähnt, im Dezember 1989 einem französischen Journalisten, „im Übrigen befinde sich die Bundesregierung
jetzt in der Lage, praktisch jeder französischen Initiative
für Europa zustimmen zu müssen"[15]. In einer Analyse
des Kanzleramts hieß es: „Insbesondere für Mitterand ist
die europäische Einbindung der deutschen Währung ein
entscheidender Faktor, der Wiedervereinigung zuzustimmen"[16]. Selbst Joachim Bitterlich – Genschers Mann im

Kanzleramt – räumt ein, dass die Wiedervereinigung der „Katalysator" für die Währungsunion gewesen sei[14].

Was sagte Genscher? In seinen Memoiren heißt es: „Mir schien es daher dringlicher denn je, im Dezember 1989 über das Mandat für die Regierungskonferenz zu entscheiden [...], denn wir würden unsere Partner in der Europäischen Gemeinschaft, allen voran Frankreich, brauchen, sobald es um die deutsche Vereinigung ging"[17]. Als am 23. April 1998 im Bundestag über den Euro debattiert wurde, klang Genscher aber auf einmal ganz anders: „Die Legende, die deutsche Zustimmung zur Währungsunion sei der Preis für die Zustimmung Frankreichs zur deutschen Einheit gewesen, ist Gift für das zukünftige Zusammenleben in Europa". So wahr können Legenden sein! Auf die Frage eines Journalisten, ob Deutschland die D-Mark auf französischen Druck für die deutsche Einheit (habe) opfern müssen, erklärte Genscher: „Das ist ähnlich falsch und gefährlich wie die Dolchstoßlegende nach dem ersten Weltkrieg"[18].

Anders als der damalige Bundespräsident Richard von Weizsäcker[19] haben sich auch Kohl, Waigel und Schäuble in der innenpolitischen Auseinandersetzung nie darauf berufen, dass der Verlust der Mark der Preis der Wiedervereinigung sei. Sie haben im Gegenteil stets bestritten, dass die Währungsunion ein Kompensationsgeschäft für die Einheit Deutschlands war. „Einen solchen Handel hat es nie gegeben", behauptete Schäuble[20], und Kohl versicherte: „Es ist nicht wahr ... Wir sind nicht erpresst worden." Es habe 1989/90 keine Forderung an ihn gegeben, die D-Mark preiszugeben[21]. „Was sollte er auch anderes sagen?", meinen manche[22]. Zuletzt – 2015 bei der Vorstellung eines neuen Buches – ergänzte er jedoch seine Verteidigungsstrategie: Selbst wenn der Euro der Preis für die Wiedervereinigung gewesen wäre, hätte er diesen Preis doch bereitwillig bezahlt[23]. Dem kann man zustimmen. Der Fehler lag früher – im Frühjahr 1988. Der von Genscher und Kohl geplante Tausch der D-Mark gegen eine außenpolitische und militärische Union der EG war nicht gut überlegt, denn er konnte nur zulasten des atlantischen Bündnisses gehen – von den Konsequenzen für die Geld- und Währungspolitik ganz zu schweigen.

Manche Euromantiker argumentieren, der Verzicht auf die D-Mark könne nicht Gegenleistung für die Wiedervereinigung gewesen sein, weil er doch schon vor der Wiedervereinigung geplant gewesen sei. Das ist ein Denkfehler – vielleicht sogar ein bewusster Versuch der Irreführung. Der Euro sollte zwar ursprünglich der Preis für die „Politische Union" sein. Dazu kam es jedoch wegen des Mauerfalls nicht. Tatsächlich wurde der Euro zum Preis für die Wiedervereinigung.

Der bekannte Berliner Geschichtsprofessor Heinrich August Winkler hat es so formuliert:

> Auf einem Sondergipfel Ende April 1990 in Dublin wurden die Währungsunion und die Politische Union faktisch entkoppelt. Das war der Preis, den die Bundesregierung für die Pariser Zustimmung zur deutschen Einheit zahlen musste[24].

So sehen es auch Dorothee Heisenberg[25] und Hans-Jürgen Küsters[26].

Maastricht

Bemerkenswert und wenig bekannt sind auch die Ereignisse, die zum Abschluss der nun folgenden Regierungskonferenz führten. Der Vertragsentwurf, den die deutsche Delegation mit Zustimmung der Bundesbank und des Bundesfinanzministeriums unter seinem neuen Chef Theo Waigel ausgehandelt hatte, wurde im Dezember 1991 in Maastricht von den europäischen Staats- und Regierungschefs beraten. Der Entwurf legte Entscheidungsverfahren und Beitrittsbedingungen („Konvergenzkriterien") fest, enthielt aber keinen Starttermin. Giulio Andreotti und Mitterrand schlugen nun vor, dass die Währungsunion auf jeden Fall – also unabhängig von der Erfüllung der Beitrittsbedingungen – spätestens 1999 beginnen sollte. Wie Delors und andere berichten, war Kohl darauf nicht vorbereitet und wich zunächst aus[27], [3]. Er wollte die Entscheidung über den letzten Starttermin auf 1996 verschieben[27]. Erst beim Abendessen der Staats- und Regierungschefs – in Abwesenheit Waigels – gab Kohl nach[27], [10]. Am nächsten Morgen im Europäischen Rat stimmte Kohl dem Starttermin zu, angeblich ohne Waigel zuvor informiert zu haben[3]. Waigel saß daneben. Er wurde also in dieser zentralen Frage einfach übergangen. Manche erwarteten, er würde zurücktreten. Er tat es nicht[28].

Auch in der Bundesbank war man entsetzt. Helmut Schlesinger – der Präsident – sagte später im Interview: „Der Beschluss, die Währungsunion spätestens 1999 zu vollziehen ... war für uns eine klare Niederlage, man kann es nicht anders bezeichnen. Wir hatten angenommen,

der Vertrag werde nur mit der Festlegung der Eintritts-
kriterien, aber ohne Festlegung eines Datums geschlossen"[29]. Dass auch Kohl überrumpelt wurde, zeigte die
Wahl des Starttermins: 1999. Denn nun musste die Entscheidung über die Einhaltung der Beitrittsbedingungen und den Kreis der teilnehmenden Länder spätestens
im Frühjahr 1998 getroffen werden – wenige Monate
vor der deutschen Bundestagswahl. Außerdem hatte
dieser Starttermin zur Folge, dass die vorgeschriebene
Obergrenze für das Haushaltsdefizit im Vorwahljahr
eingehalten werden musste, was sich ungünstig auf die
Konjunktur im Wahljahr auswirkte. Der Euro wurde
damals von etwa zwei Dritteln der Deutschen abgelehnt,
und Kohl verlor die Wahl – wie nicht wenige meinen:
deswegen[30].

Die zweite Überraschung von Maastricht war der Vor-
stoß des französischen Finanzministers Pierre Bérégovoy,
die Entscheidung über den Kreis der Länder, die an der
Währungsunion teilnehmen würden, solle nicht einstimmig, sondern mit qualifizierter Mehrheit getroffen werden.
Der Vorschlag wurde ohne deutsche Gegenwehr – angeblich waren Waigel und sein Staatssekretär Horst Köhler
(der spätere Bundespräsident) zu erschöpft[3] – einstimmig
angenommen. Damit wurde die Möglichkeit geschaffen,
Deutschland gegen seinen Willen in die Währungsunion
zu befördern.

Aber es gab noch eine weitere wichtige Konsequenz,
auf die ich 1992 hinwies. Damals erwarteten viele, dass
die dritte und letzte Stufe der Währungsunion wegen der
Beitrittsbedingungen mit einem kleinen Teilnehmerkreis –
den stabilitätsorientierten Ländern – beginnen würde.

Wolfgang Schäuble und Karl Lamers (1994) schürten diese Illusion[31]. Da jedoch eine qualifizierte Mehrheit darüber entscheiden würde, welche Mitgliedstaaten die Beitrittsbedingungen erfüllten, und da jede der Regierungen nur dann an dem Beginn der Währungsunion interessiert sein würde, wenn das eigene Land teilnehmen dürfte, war von vornherein klar, dass die Währungsunion nicht mit einer Minderheit – einem „Hartwährungsblock" – beginnen würde[32]. Die Währungsunion startete mit einer qualifizierten Mehrheit der EU-Staaten – nämlich elf von 15 Mitgliedstaaten, die 65 der 87 Ratsstimmen (das heißt 74,7 %) auf sich vereinigten. Die qualifizierte Ratsmehrheit lag damals bei 71,3 %. Wenn zusätzlich die Stimmen Griechenlands benötigt worden wären, hätte man Griechenland vielleicht schon damals die Euro-Tauglichkeit bescheinigt.

Es war zu erwarten, dass die Politiker die Beitrittsbedingungen nicht ernst nehmen würden. Der Sachverständigenrat, das Deutsche Institut für Wirtschaftsforschung und andere haben 1998 vorgerechnet, dass Frankreich, Italien, Spanien und Österreich, aber auch die Bundesrepublik die Bedingungen für das Haushaltsdefizit in Wirklichkeit nicht eingehalten haben[33], [34], [35] und [36]. „Kreative Buchführung" machte die Runde. In Italien zum Beispiel wurde eine „EU-Steuer" erhoben, die in den folgenden Jahren zurückgezahlt werden sollte – das Haushaltsdefizit wurde also gar nicht wie vorgeschrieben „auf Dauer" abgebaut. Auch das Wechselkurskriterium war in vier Fällen nicht erfüllt[36].

Genauso wurden die Beitrittsbedingungen bei den späteren Erweiterungen der Währungsunion in sieben von acht Fällen nicht erfüllt[37]. Griechenland (2001) fälschte seine Haushaltsstatistiken, und auch Malta (2008) brachte sein Haushaltsdefizit nur durch einmalige Grundstücksverkäufe unter die Marke von drei Prozent. In Slowenien (2007), der Slowakei (2009) und den baltischen Staaten (2011–2015) war die Bedingung einer „anhaltenden Preisstabilität" nicht erfüllt.

Geradezu prophetisch war das Manifest, das 62 Wirtschaftsprofessoren im Juni 1992 veröffentlichten: „Die überhastete Einführung einer Europäischen Währungsunion wird Westeuropa starken ökonomischen Spannungen aussetzen, die in absehbarer Zeit zu einer politischen Zerreißprobe führen können und damit das Integrationsziel gefährden"[38]. Ich habe das in meinem Buch „Europa-Chauvinismus" (2001) so formuliert:

Wenn die wirtschaftlichen Strukturen und die wirtschaftspolitischen Zielvorstellungen so weit auseinander gehen, wie das nachweislich in Europa der Fall ist, wird es immer wieder zu schweren Konflikten und Enttäuschungen kommen. Dem Frieden und der Völkerverständigung dient das nicht. Im Gegenteil, es besteht durchaus die Gefahr, dass die Währungsunion die europäische Idee in Misskredit bringt[39].

Quellenverzeichnis

1. faz.online 22.7.2011.
2. Hans Tietmeyer, Währungsstabilität in Europa, Baden-Baden 1996. (S. 483).

3. Kenneth Dyson, Kevin Featherstone, The Road to Maastricht, Oxford 1999. (S. 128, 327, 330 f., 331, 338, 339, 342, 418 ff., 439, 446, 447 f.).

4. Karl-Otto Pöhl, „Der Delors-Bericht und das Statut einer Europäischen Zentralbank", in: Theo Waigel (Hg.), Unsere Zukunft heißt Europa, Düsseldorf 1996. (S. 196, 197).

5. Gerhard Stoltenberg, Wendepunkte, Berlin 1999. (S. 329).

6. Stefan Fröhlich, Helmut Kohl und die deutsche Außenpolitik, Paderborn 2001. (S. 210, 255)

7. Bernard Conolly, The Rotten Heart of Europe, London, Boston 1995. (S. 73 f.).

8. Auch Dorothee Heisenberg schreibt: „Die Wirtschafts- und Währungsunion war der Hebel, eine engere politische Union zu erreichen" (The Mark of the Bundesbank, Boulder, London 1999). (S. 185).

9. Hanns Jürgen Küsters, Daniel Hofmann (Hg.), Deutsche Einheit: Sonderedition aus den Akten des Bundeskanzleramtes 1989–90, München 1998, Gespräch Kohl mit Baker in Berlin (West) am 12.12.1989. (S. 638).

10. Die Geschichte des Euro, Teil 2, Arte 26.03.98. Interviews mit Roland Dumas, Jean Godaux, Elisabeth Guigou, François Mitterrand, Karl-Otto Pöhl, Gerhard Stoltenberg, Jacques Attali und Gert Lubbers.

11. Der französische Botschafter in Bonn, Serge Boidevaix, telegrafierte am 16.11.1989 an Außenminister Dumas: „In der FDP steht der Bereitwilligkeit von Herrn Genscher ... die Ansicht von Herrn Lambsdorff, dem Parteivorsitzenden, entgegen, der ... bezweifelt, dass man so bald die Konvergenz der Volkswirtschaften erreichen kann, die notwendig ist, um institutionelle Schritte (hin zur Währungsunion) zu unternehmen" (Maurice Vaisse, Christian Wenkel (Hg.), La diplomatie française face à l'unification allemande, Paris 2011). (S. 128).

12. Frankfurter Allgemeine Zeitung, 27.12.2001.

13. Jacques Attali, Verbatim III, 1988–91, Paris 1995. (S. 357).

14. Jean Quatremer, Thomas Klau, Ces hommes qui ont fait l'euro, Paris 1999. (S. 127, 171).

15. Horst Teltschik, 329 Tage: Innenansichten der Einigung, Berlin 1991. (S. 61).

16. DER SPIEGEL, 18/1998. (S. 108).

17. Hans-Dietrich Genscher, Erinnerungen, Berlin 1995. (S. 390).

18. Interview mit Hans-Dietrich Genscher, Stern 51/2012, 13.12.2012. (S. 58).

19. „Richard von Weizsäcker im Interview", in: Hans-Ulrich Jörges (Hg.), Der Kampf um den Euro, Hamburg 1998. (S. 365ff.).

20. Dieses Zitat habe ich dem Buch „Rettet unser Geld" von Hans-Olaf Henkel entnommen (München 2010). (S. 58).

21. Frankfurter Allgemeine Zeitung, 25.11.2002.

22. Hans-Olaf Henkel, Joachim Starbatty, Deutschland gehört auf die Couch! München 2016. (S. 94).

23. Es handelte sich um einen Fernsehbericht von der Frankfurter Buchmesse. Den Fernsehkanal und die Sendezeit kann ich leider nicht mehr rekonstruieren.

24. Heinrich August Winkler, Zerreissproben, München 2015. (S. 136).

25. Dorothee Heisenberg, The Mark of the Bundesbank, Boulder, London 1999. (S. 185).

26. Hans-Jürgen Küsters, Die Kontroverse zwischen Bundeskanzler Kohl und Präsident Mitterand um die institutionelle Reform der EG 1989/90, unveröffentliches Manuskript, 2001. Küsters bekräftigt: „Für Mitterand war die europäische Einbindung der deutschen Währung ein entscheidender Faktor, der Wiedervereinigung zuzustimmen". (S. 24).

27. Jacques Delors, Erinnerungen eines Europäers, Plon 2004. (S. 414).

28. Waigel hatte bereits 1990 zugesehen, wie sein euroskeptischer Finanzstaatssekretär Tietmeyer ins Direktorium der Bundesbank geschickt wurde. Nach dem Gipfeltreffen von Maastricht entsandten Bundesregierung und CDU-geführte Landesregierungen nur noch Befürworter der Währungsunion in den Zentralbankrat (Horst Schulmann, Olaf Sievert, Peter Schmidhuber, Jürgen Stark und Helmut Remsperger).

29. „Einzigartige Identifikation", Bundesbank Magazin, Ausgabe 3/12, wieder abgedruckt in: Deutsche Bundesbank, Auszüge aus Presseartikeln Nr. 32, 01.08.2012. (S. 4).

30. Die Politikwissenschaftler Gabriele Eckstein und Franz-Urban Pappi zum Beispiel haben Kohls Niederlage der Währungsunion zugeschrieben („Die öffentliche Meinung zur europäischen Währungsunion bis 1998: Befund, geldpolitische Zusammenhänge und politische Führung in Deutschland", Zeitschrift für Politik 46, 1999). (S. 298–334).

31. Wolfgang Schäuble, Karl Lamers, Überlegungen zur Europäischen Politik, 01.09.1994 (www.cducsu.de/upload/schaeublelamers94.pdf).

32. Roland Vaubel, „European Currency Union: Problems and Prospects", in: Institute of Economic Affairs (Hg.), The State of the Economy, IEA Readings 39, London 1992. (S. 111).

33. Sachverständigenrat zur Begutachtung der gesamtwirtschaftlichen Entwicklung, Jahresgutachten 1997/98. (Z. 403f.).

34. Deutsches Institut für Wirtschaftsforschung, „Entwicklung des Staatsdefizits im Jahr 1997 – ein (notwendiger) Blick zurück", Wochenbericht 25/98. (S. 450f.).

35. Bernard Dafflon, Sergio Rossi, „Public Accounting Fudges towards EMU", Public Choice, Band 101. (S. 59–84).

36. Roland Vaubel, „Europäische Währungsunion: Wer darf an den Euro-Start?" Wirtschaftsdienst 78, Februar 1998. (S. 85–89).

37. Linda V. Schmidt, Roland Vaubel, „Der Missbrauch der Konvergenzkriterien 2001–2015", Ökonomenstimme (Blog), 16.04.2015.

38. „Die EG-Währungsunion führt zur Zerreißprobe", Frankfurter Allgemeine Zeitung, 11.06.1992. (S. 15 f.).

39. Roland Vaubel, Europa-Chauvinismus: Der Hochmut der Institutionen, München 2001. (S. 166).

2

Die EZB macht sich zum Kumpanen der Politiker

Die Europäische Zentralbank hat die Aufgabe, das Preisniveau stabil zu halten. Deshalb ist sie von Weisungen der Politiker unabhängig. Sie darf sich auch nicht selbst von Weisungen oder Wünschen der Politiker abhängig machen. Im Gegensatz zum Parlament oder zur Regierung ist der Zentralbankrat nicht gewählt, sondern von den Regierungen ernannt worden. Er darf seine geldpolitische Macht daher nicht dazu missbrauchen, Regierungen wirtschaftspolitische Bedingungen zu stellen. Er ist nicht befugt, wirtschaftspolitische Ziele festzulegen. Die EZB hat – wie dieses Kapitel zeigt – alle diese Verbote übertreten. Sie hat sich in einer Weise politisiert, wie das zu Zeiten der Bundesbank völlig undenkbar gewesen wäre. Dabei schreckt sie selbst vor Rechtsbrüchen nicht zurück.

Es fängt damit an, dass EZB-Präsident Mario Draghi mehr oder weniger regelmäßig an den Treffen der

© Springer Fachmedien Wiesbaden 2018
R. Vaubel, *Das Ende der Euromantik*,
https://doi.org/10.1007/978-3-658-18563-3_2

Euro-Finanzminister teilnimmt. Die Geschäftsordnung des Finanzministerrats erlaubt das, aber aus der Möglichkeit ist die Regel geworden. Wolfgang Schäuble verteidigt diese Praxis. Die Anwesenheit des EZB-Präsidenten mache die Treffen „besonders wertvoll"[1]. Zu D-Mark-Zeiten galt es als selbstverständlich, dass sich der Bundesbank-Präsident von Ministertreffen fernhielt. Nur einmal im Jahr – bei der Verabschiedung des Jahreswirtschaftsberichts der Bundesregierung – nahm der Bundesbank-Präsident an den Kabinettssitzungen teil. Wenn der Bundeskanzler mit den Mitgliedern des Zentralbankrates sprechen wollte, musste er zu ihnen nach Frankfurt kommen. Aber das kam äußerst selten vor. Einmal besuchte Konrad Adenauer den Zentralbankrat. Das war 1956. Er wollte die Notenbank davon abbringen, so kurz vor der Bundestagswahl (von 1957) den Diskontsatz zu erhöhen. Er hatte keinen Erfolg. Ein anderes Mal kam Helmut Schmidt, um der Bundesbank sein Projekt eines „Europäischen Währungssystems" nahe zu bringen. Der Zentralbankrat forderte als Gegenleistung für seine Zustimmung die Erlaubnis, bei Gefährdung der Preisstabilität die Devisenmarktinterventionen zur Stützung der Wechselkursparitäten auszusetzen. Sie wurde in Form eines Briefes gewährt[2].

In den USA, denen wir ja die Unabhängigkeit der Notenbank verdanken, achtete der Präsident von Anfang an peinlichst darauf, den Eindruck einer Kumpanei zu vermeiden. Präsident Woodrow Wilson – der Gründer des Federal Reserve Systems – war nicht bereit, Mitglieder der Zentralbank auch nur zu informellen Treffen einzuladen[3]. Von Wolfgang Schäuble dagegen ist bekannt, dass er

Mario Draghi im August 2012 zu sich nach Sylt einlud – wahrscheinlich um das geplante Anleihekaufprogramm zu beraten, das Draghi dann am 06.09.2012 ankündigte.

Draghi nimmt nicht nur regelmäßig an den Finanzministertreffen teil. Er ist auch oft bei den Beratungen der Staats- und Regierungschefs dabei. Manchmal trägt er eine Präsentation vor, oder er beteiligt sich an der Pressekonferenz – von politischer Zurückhaltung keine Spur.

Auch Draghis Vorgänger Jean-Claude Trichet hat an Sitzungen der Minister und Regierungschefs teilgenommen. Der spektakulärste Fall war das Gipfeltreffen am 7. und 8. Mai 2010. Es ging um Griechenland. Damals wurden der erste Euro-Fonds und das erste Anleihekaufprogramm der EZB vereinbart[4]. Es ist bekannt, dass der damalige französische Präsident Sarkozy den EZB-Präsidenten Trichet schon vor dem Treffen bedrängt hatte, griechische Staatsanleihen zu kaufen, und dass Trichet den Zentralbankrat schon am Vorabend darauf eingeschworen hatte[5]. Das war nicht besonders schwierig, denn im Zentralbankrat hatten die Vertreter der Problemländer die Mehrheit[6]. Das Gipfeltreffen begann am Abend des 7. Mai mit einem Arbeitsessen. Als Vorsitzender der Euro-Gruppe erteilte Jean-Claude Juncker zunächst dem griechischen Ministerpräsidenten Georgios Papandreou das Wort. Doch schon der nächste Redner war Trichet![7] Trichet trug eine vorbereitete Präsentation mit Charts usw. vor und warnte, dass Portugal das nächste Opfer sein könnte, wenn die Regierungen untätig blieben[5], [7]. In die gleiche Kerbe hackten die Ministerpräsidenten Italiens (Berlusconi), Spaniens (Zapatero) und Portugals

(Socrates), mit denen Sarkozy schon vor der Sitzung gesprochen hatte. Auch Angela Merkel gab zu Protokoll, dass der Rettungsfonds als „ultima ratio" nötig sei[5]. Es war eine perfekte Inszenierung – ein abgekartetes Spiel, und Trichet spielte darin eine tragende Rolle.

Trichet hatte wie Draghi viele Jahre seines Lebens als Ministerialbeamter verbracht. Er war es – wie Draghi – gewohnt, den Politikern zu Diensten zu sein. Außerdem wusste er, dass seine Amtszeit unwiderruflich im Oktober 2011 zu Ende gehen würde und dass Sarkozy dann noch Präsident sein würde und ihm eine attraktive Altersbeschäftigung verschaffen könnte. Tatsächlich ist Trichet nach Ablauf seiner Amtszeit zum Vorsitzenden der Group of Thirty (einem Gremium von Währungspolitikern und -experten), zum Verwaltungsratsmitglied von Airbus (EADS) und zum Verwaltungsratschef des Brüsselers Think Tanks Brueghel ernannt worden. Hätte er diese Ämter auch ohne Sarkozys Hilfe bekommen? Hat Sarkozy Trichet Gegenleistungen in Aussicht gestellt, so wie er dem französischen Richter Gilbert Azibert einen attraktiven Posten in Monaco versprach, um von ihm vertrauliche Informationen zu bekommen? Darüber kam es sogar zu einem Strafverfahren wegen Korruption[8].

Nicht genug damit, dass Trichet sich von Sarkozy einspannen ließ, er stellte den anderen Gipfelteilnehmern auch noch Bedingungen. Er erklärte, die EZB werde nur dann griechische Staatsanleihen kaufen, wenn die Staats- und Regierungschefs zuvor einen „Rettungsfonds" beschließen würden[5]. Daraufhin einigten sich Merkel und Sarkozy auf den Umfang des Fonds – 440 Mrd. EUR[5]. Erst nachdem am Morgen

des 10. Mai die Euro-Gruppe (Juncker) die Errichtung des Euro-Fonds bekannt gegeben hatte, begann
die EZB mit den Anleihekäufen[5]. Dass Trichet die
Anleihekäufe der EZB von der Errichtung des Euro-Fonds
abhängig machte, war mit ihrer Unabhängigkeit nicht
zu vereinbaren. Denn damit machte er die Geldpolitik
von Entscheidungen der Politiker abhängig. Die europäischen Verträge verbieten der EZB ausdrücklich, „Weisungen einzuholen oder entgegenzunehmen" (Art. 130
AEUV) und monetäre Haushaltsfinanzierung zu betrei-
ben (Art. 123 AEUV). Die Europäische Kommission als
„Hüterin der Verträge" ging nicht dagegen vor.

Später wurde bekannt, dass die EZB schon 2003 einem
Geheimabkommen zugestimmt hatte, das den nationalen Notenbanken erlaubt, in bestimmten Grenzen – von
denen es aber auch Ausnahmen gibt – auf eigene Faust
Staatsanleihen ihres eigenen Landes zu kaufen und damit
Euros in Umlauf zu bringen[9], [10] und [11]. Die nationalen
Zentralbanken brauchen die EZB nur über ihre Geldschöpfung zu informieren. Es ist klar, dass dieses Schlupf-
loch vor allem von den Notenbanken der überschuldeten
Mitgliedstaaten genutzt wurde. Zum Beispiel ist belegt,
dass die italienische und die irische Zentralbank im Rahmen dieses sogenannten „ANFA-Abkommens" in großem
Umfang Staatsanleihen ihrer Länder gekauft haben[12].
(ANFA steht für „Agreement on Net Financial Assets".)
Dass das Abkommen zwölf Jahre lang geheim gehalten
und erst im November 2015 durch eine Indiskretion
bekannt wurde, zeigt das schlechte Gewissen der Beteiligten. Noch im Dezember 2015 bediente sich Draghi einer
„Vernebelungstaktik"[13]. Erst im Februar 2016 legte die

EZB den Text des Abkommens vor. In der Zukunft will die EZB vierteljährlich über die Inanspruchnahme der ANFA-Kreditlinien berichten, aber für die Vergangenheit hat sie bisher keine Zeitreihe publiziert.

Im April 2011 fing Trichet an, dem griechischen Ministerpräsidenten wirtschaftspolitische Bedingungen zu stellen. Er drohte, den griechischen Banken den Geldhahn – die sogenannte „Notfall-Liquiditätshilfe" – zuzudrehen, wenn die griechische Regierung die Laufzeiten ihrer Anleihen verlängern würde[14]. Die Notfall-Liquiditätshilfe wird seit 2007 im Rahmen des ANFA-Abkommens gewährt.

Als im Herbst 2010 der irische Staat an den Finanzmärkten ins Schlingern kam, wurde Trichet noch dreister. In einem Brief vom 19.10.2010 drohte er dem irischen Finanzminister Brian Lenihan, den irischen Banken die Notfall-Liquiditätshilfe zu sperren, wenn die irische Regierung nicht bestimmte Forderungen der EZB erfüllen würde:

> Der Zentralbankrat wird nur dann weitere Notfallkredithilfe an irische Banken genehmigen, wenn wir hinsichtlich der folgenden vier Punkte von der irischen Regierung eine schriftliche Zusage erhalten[15].

Die vier Punkte bezogen sich auf den Abbau des Haushaltsdefizits, strukturelle Reformen, die Rekapitalisierung oder Abwicklung maroder Banken und eine Staatsgarantie für die Rückzahlung der Notfall-Liquiditätshilfe. Außerdem bestand Trichet darauf, dass die irische Regierung beim Euro-Fonds „Rettungskredite" beantragen müsse. Es war klar, dass die geschwächten irischen Banken ohne das Zentralbankgeld der EZB zusammengebrochen wären. Trichets Erpressungsmanöver ließ keinen Widerstand zu. Der zuständige Beamte des Internationalen Währungsfonds, der an dem Irland-Paket beteiligt war, sagte später, dass Trichets Brief eine „unerhörte Amtsanmaßung" gewesen sei[16].

Außerdem protestierte Trichet telefonisch gegen den Plan des irischen Finanzministers, die Gläubiger der Banken an den Verlusten zu beteiligen. Seine Begründung soll gewesen sein, dass davon vor allem die französischen und deutschen Banken betroffen wären[17]. Die Bundesbank dagegen unterstützte den irischen Plan[18]. Ein Untersuchungsausschuss des irischen Parlaments bezeichnete Trichets Intervention später als „offene Drohung", die dazu beigetragen habe, dass „die Schulden der irischen Banken in viel zu großem Umfang den irischen Steuerzahlern aufgebürdet wurden[19].

Der Vorfall zeigte nicht nur, dass die EZB tief in die Wirtschaftspolitik der Mitgliedstaaten eingreift, sondern auch, dass sie den Gouverneuren des Euro-Fonds – den Finanzministern – in die Hände spielt. Trichets Drohbrief beweist außerdem, dass die irische Regierung gar nicht die Absicht hatte, einen Kredit des Euro-Fonds zu beantragen, denn sie konnte sich viel zinsgünstiger über die Target-Kredite der EZB finanzieren. Die Anhänger des Euro-Fonds – auf deutscher Seite allen voran Wolfgang Schäuble – wollten aber den Eindruck erwecken, dass der riesige Fonds tatsächlich benötigt würde. Also musste Irland in die Arme des Fonds getrieben werden. Die EZB erledigte das Geschäft der Politiker.

Außerdem war die deutsche Zustimmung zum Irland-Paket rechtswidrig, weil man zunächst einen anderen Fonds, der von der gesamten EU finanziert wird, hätte ausschöpfen müssen[20].

Doch Griechenland und Irland waren nur der Anfang. Im August 2011 schickte Trichet Briefe an Berlusconi und Zapatero, in denen er ganz ähnliche politische Maßnahmen forderte und zur Vorbedingung für Anleihekäufe der EZB machte[5], [21] und [22]. Dann – im März 2013 – kam Zypern an die Reihe. Diesmal war es Jörg Asmussen – der deutsche Vertreter im Direktorium und „Außenminister" der EZB, der dem zypriotischen Ministerpräsidenten Nikos Anastasiades erklärte, die EZB werde den Banken seines Landes den Geldhahn zudrehen, wenn er nicht die geforderten Maßnahmen ergreife[23]. Einige Mitglieder des EZB-Zentralbankrats hielten dieses Erpressungsmanöver für problematisch, sie wurden aber überstimmt[21].

Der Monti-Draghi-Pakt

Doch zurück zu Draghi. Wie Trichet machte er auf den Euro-Gipfeltreffen geldpolitische Zusagen. Der bekannteste Fall ist der Euro-Gipfel vom Juni 2012. Der italienische Ministerpräsident Mario Monti hat darüber berichtet:

> Ich nutzte meine gesamte Verhandlungsmacht einschließlich einer Veto-Drohung, um Unterstützung für einen scheinbar unbedeutenden Zusatz zum Abschluss-Communiqué zu gewinnen. Um vier Uhr morgens hatten alle Regierungschefs unterschrieben [...] Der zusätzliche Absatz besagte, dass alle Euro-Staaten, die – wie Italien – ihre

Hausaufgaben erledigt haben, mit der Unterstützung der Europäischen Zentralbank rechnen können [...] Das war eine entscheidende Änderung der Spielregeln im Euroraum[24], [5].

Mario Draghi hatte also in der Sitzung zugesagt, dass die EZB erneut italienische Staatsanleihen kaufen würde – auch ohne dass die italienische Regierung ein Programm mit dem Euro-Fonds vereinbaren musste. In Zukunft würde es genügen, dass Italien die allgemeinen Leitlinien des Fonds beachtet. Die beiden Marios hatten erfolgreich kooperiert. Trichets Junktim – Anleihekäufe nur gegen eine Vereinbarung mit dem Euro-Fonds – war damit vom Tisch.

Es ist interessant, wie verklausuliert die Abschlusserklärung des Euro-Rates über diese grundlegende Änderung der Spielregeln berichtete:

> Wir begrüßen, dass die EZB zugestimmt hat, dem EFSF/ ESM als Agent zu dienen, indem sie effektive und effiziente Marktoperationen durchführt[25].

Da hatte irgendjemand ein schlechtes Gewissen. Auf jeden Fall hat Angela Merkel damals mit ihrer Unterschrift die Staatsanleihekäufe der EZB gebilligt.

Schon im August nahm die EZB ihre Anleihekäufe wieder auf, obwohl einige Mitglieder des Zentralbankrats dagegen stimmten, und Draghi fuhr – wie bereits erwähnt – zu Schäuble nach Sylt, um das neue Programm zu besprechen. Am 6. September – wenige Tage vor dem ersten Euro-Fonds-Urteil des Bundesverfassungsgerichts – gab er es bekannt. Die deutschen Verfassungsrichter sollten wissen, dass – falls sie den Euro-Fonds für verfassungswidrig erklären würden – die EZB eben die Haushalte der überschuldeten Mitgliedstaaten über Anleihekäufe finanzieren würde. Die EZB versuchte offensichtlich, die Rechtsprechung des höchsten deutschen Gerichts zu beeinflussen. Das Bundesverfassungsgericht gelangte im Eilverfahren zu der vorläufigen Entscheidung, dass der Euro-Fonds verfassungsgemäß sei. Wir kommen im Kap. 4 darauf zurück.

Mario Monti hat später erklärt, dass Draghi es nie gewagt hätte, den unbegrenzten Ankauf von Staatsanleihen anzukündigen, wenn er dafür nicht die Rückendeckung der Regierungen gehabt hätte[26]. Merkel sagte im August 2012 auf einer Pressekonferenz, „sie stimme dem Plan des Rates der Europäischen Zentralbank zu, dass die Notenbank unbegrenzt Staatsanleihen ankaufen und dafür neues Geld in Umlauf bringen soll, wenn das nötig sei, um den Euro zu erhalten"[27]. Auch Schäuble nahm Draghi sofort nach dessen Ankündigung in Schutz und versicherte, die EZB handele innerhalb ihres geldpolitischen Mandats[28]. Das Bundesverfassungsgericht kritisierte zwar 2014, dass Draghis Anleihekaufprogramm „nicht vom EZB-Mandat gedeckt" sei, erklärte aber 2016 unter dem Eindruck eines Urteils des Europäischen Gerichtshofs, dass dies „nicht offensichtlich" sei[29].

Das Anleihekaufprogramm vom September 2012 enthielt ganz offen die Bedingung, dass jeder Staat, dessen Anleihen die EZB *unbegrenzt* kaufen werde, die wirtschaftspolitischen Leitlinien des Euro-Fonds einhalten müsse. Schäuble bescheinigte der EZB später sogar öffentlich, „dass sie sich an Voraussetzungen

gebunden hat, über die sie nicht verfügt"[30]. Die EZB
hatte sich endgültig in Abhängigkeit von den Finanzministern gebracht, die ja als Gouverneure den Euro-Fonds
kontrollieren.

Draghi nimmt nicht nur an den Treffen der Finanzminister und Regierungschefs teil, er ist auch wiederholt
vor Bundestagsabgeordneten und zum Beispiel im französischen, italienischen, spanischen und niederländischen
Parlament aufgetreten[31]. Das wäre zu Bundesbank-Zeiten
ebenfalls undenkbar gewesen. Zu einem Skandal kam es,
als Draghi am 28.04.2014 etwa 40 Bundestagsabgeordneten der Regierungsparteien in einer Klausurtagung
auf dem Petersberg bei Bonn verriet, zum sogenannten
„Quantitative Easing" – einem Programm der im Voraus quantifizierten Anleihekäufe – werde es so schnell
nicht kommen[32], [33]. Das stimmte: Das neue Programm
wurde erst im Januar 2015 bekannt gegeben[34]. Der Vorfall wurde in den Medien scharf kritisiert[35]. Draghi hatte
ausgewählten Politikern Insider-Informationen gegeben.
Wenn der Vorstand einer Geschäftsbank so etwas täte,
wäre das ein Fall für den Kadi.

Im Rahmen des Quantitative Easings kauft die EZB
nicht nur Staatsanleihen, sondern auch Schuldverschreibungen anderer Institutionen. Dadurch trägt sie –
sicherlich nicht unabsichtlich – ebenfalls zur Haushaltsfinanzierung der überschuldeten Mitgliedstaaten bei. Zum
Beispiel kauft sie Anleihen, die der Euro-Fonds ausgegeben hat. Mit dem Geld kann der Euro-Fonds Kredite an
überschuldete Staaten finanzieren. Oder sie kauft den
Banken verbriefte Bündel notleidender Kredite ab („asset-
backed securities"). Dann erwerben die Banken stattdessen

mehr Staatsanleihen. Ganz allgemein erhöht die hyperexpansive Geldpolitik der EZB die Nachfrage der Privaten nach Staatsanleihen, denn der Markt wird mit Zentralbankgeld geradezu überschwemmt. Außerdem senkt die EZB die Zinsen, was den Finanzministern den Schuldendienst erleichtert.

Im Juni 2015 beteiligte sich Draghi am sogenannten „Bericht der Fünf Präsidenten"[36]. Federführend war Kommissionspräsident Jean-Claude Juncker. Die Gruppe fordert mehr Kompetenzen für die Europäische Union und die Eurogruppe – zum Beispiel ein Euro-Schatzamt, eine gemeinsame Einlagenversicherung und eine Kreditlinie des Euro-Fonds für den Bankenabwicklungsfonds. Diese wirtschaftspolitischen Forderungen betreffen nicht den Aufgabenbereich der EZB. Draghi maßt sich ein allgemeinpolitisches Mandat an. Dazu gehört auch, dass er im April 2016 die Abschaffung des 500-Euro-Scheins mit dem Kampf gegen Steuerhinterziehung und Bandenkriminalität begründete. Dafür ist nicht die EZB, sondern der jeweilige Finanzminister und die Strafjustiz zuständig.

Die Wurzeln der Fehlentwicklung sind wiederum im ersten Griechenland-Paket (2010) zu finden. Damals beschloss die Eurogruppe, die EZB an der sogenannten „Troika" zu beteiligen, die die Erfüllung der wirtschaftspolitischen Auflagen überwacht. Die anderen beiden Mitglieder der Troika sind die Europäische Kommission und der Internationale Währungsfonds. Beide sind seit Jahrzehnten dafür zuständig, die Wirtschaftspolitik der Mitgliedstaaten zu beurteilen und gegebenenfalls dagegen vorzugehen. Einer Zentralbank steht dies nicht zu. Ihr Auftrag bezieht sich auf die Geldpolitik. Der spanische Generalanwalt

beim Gerichtshof der EU (Pedro Cruz Villalón) hat im
Januar 2015 erklärt, dass die Mitgliedschaft der EZB in
der Troika rechtswidrig ist[37]. Kommissionspräsident Juncker will nicht nur die EZB, sondern auch den Internationalen Währungsfonds aus der Troika drängen[38]. Er
möchte, dass seine Kommission die alleinige Zuständigkeit erhält.

Im November 2014 hat die EZB zusätzlich die Bankenaufsicht übernommen. Der oder die Vorsitzende und stell-
vertretende Vorsitzende des betreffenden EZB-Ausschusses
müssen vom Europäischen Parlament bestätigt werden.
Damit gerät die EZB noch mehr in Abhängigkeit von der
Politik. Die Abgeordneten haben es nun in ihrer Macht,
der EZB geldpolitische Konzessionen abzutrotzen.

Im Rahmen ihrer Bankenaufsicht kann die EZB jede
beliebige Bank der Eurozone schließen, es sei denn, die
Kommission widerspricht. Die Schließung einer Bank
ist eine hochpolitische Angelegenheit. Deshalb wird die
EZB in Zukunft noch stärkeren Pressionen der nationalen
Regierungen ausgesetzt sein.

Die EZB ist nicht die Bundesbank
Weshalb ist die EZB derart ins Schlepptau der Politiker
geraten? Weshalb hat sie sich ganz anders als die Bundesbank entwickelt, obwohl doch ihre Statuten sehr ähnlich
sind?

Erstens gab es in der Bundesbank ungeschriebene
Regeln, die von der EZB nicht übernommen wurden.
Dazu gehörte die langjährige Tradition, dass jedes Mit-
glied des Zentralbankrats davon ausgehen konnte, nach
Ablauf seiner Amtszeit – falls gewünscht und gemäß der

Altersgrenze zulässig – wieder ernannt zu werden. Die meisten der dem EZB-Rat angehörenden nationalen Zentralbankgouverneure können darauf nicht bauen. Sie sind daher von der Regierung ihres Heimatlandes personell abhängig. Die Mitglieder des EZB-Direktoriums dürfen zwar nach Ablauf ihrer einmalig achtjährigen Amtszeit nicht wieder ernannt werden, aber die Regierung ihres Heimatlandes kann ihnen – wie im Fall Trichet – dabei behilflich sein, eine Anschlussbeschäftigung zu finden. Es war daher zu erwarten, dass sich der EZB-Rat stärker als der Zentralbankrat der Bundesbank an den Wünschen der Politik orientieren würde.

Zweitens ist die sogenannte „Kompetenz-Kompetenz" anders verteilt. Die Kompetenzen der Bundesbank konnten und können durch ein einfaches Bundesgesetz ohne Zustimmung des Bundesrates geändert werden. Die Weisungsunabhängigkeit der Bundesbank gegenüber der Politik war damit nur schwach abgesichert. Hinzu kam, dass die Bundesregierung – wie zum Beispiel Helmut Schmidt 1979 – der Zentralbank ein Wechselkursziel vorschreiben konnte, das den Spielraum der Geldpolitik erheblich einschränkte. Um ihre Unabhängigkeit von Weisungen und Wechselkursbindungen politisch abzusichern, musste die Bundesbank deshalb stets darauf achten, die öffentliche Meinung hinter sich zu haben. Demgegenüber ist die EZB sehr viel stärker vor einem Verlust der Weisungsunabhängigkeit und vor Wechselkursvorgaben geschützt. Denn dazu bedarf es eines einstimmigen Beschlusses aller 28 Mitgliedstaaten[39]. Es war daher zu erwarten, dass sich die EZB weniger als die Deutsche Bundesbank an der öffentlichen Meinung orientieren würde.

Drittens musste die Bundesbank nie befürchten, dass eines der Bundesländer die gemeinsame Währung aufgeben würde – selbst Bayern nicht. Die EZB verfolgt dagegen ausdrücklich das Ziel, die „Integrität des Währungsraumes" zu erhalten, obwohl das eigentlich nicht ihre Aufgabe ist. Es war daher zu erwarten, dass die EZB – anders als die Bundesbank – versucht sein würde, die Staatsanleihen überschuldeter Länder des Währungsraums aufzukaufen und den Banken dieser Länder Sonderkonditionen zu gewähren.

Die deutsche „Stabilitätskultur" – die Konzeption einer unabhängigen, nur am Ziel der Preisstabilität orientierten Zentralbank – hat sich in der europäischen Währungsunion nicht durchsetzen können. Dabei sah es anfangs ganz anders aus. Solange die Währungsunion noch nicht vollzogen war, hatte die Bundesregierung eine relativ starke Verhandlungsposition, denn ohne Deutschland hätte die Währungsunion nicht beginnen können. Zwischen 1991 (Vertrag von Maastricht) und 1999 (Beginn der Währungsunion) setzten Kohl und Waigel eine Reihe wichtiger Forderungen durch:

1. Sitz der Europäischen Zentralbank würde Frankfurt sein.
2. Der „Stabilitäts- und Wachstumspakt" wurde geschmiedet – ganz zum Missfallen des französischen Präsidenten Jacques Chirac.
3. Fünf der sechs Mitglieder des EZB-Direktoriums waren Konservative, obwohl 1998 die meisten Regierungen der Eurozone von Sozialdemokraten angeführt wurden.
4. Erster Präsident der EZB wurde nicht – wie von Chirac gefordert – ein Franzose, sondern der Holländer Wim Duisenberg, ein überzeugter Anhänger der

Preisstabilität. (Auf Verlangen Chiracs versprach Duisenberg jedoch in einem Brief, nach der Hälfte seiner Amtszeit zurückzutreten, was der Satzung der EZB widersprach[40].)

5. Das deutsche Mitglied des EZB-Direktoriums, Otmar Issing, erhielt die maximale Amtszeit von acht Jahren, während die anderen mit weniger Jahren Vorlieb nehmen mussten.

6. Issing erhielt die besonders wichtigen Abteilungen Volkswirtschaftslehre und Forschung.

Aber mit dem Beginn der Währungsunion verlor Deutschland seine Vetoposition. Nach dem EU-Vertrag darf Deutschland nur dann einseitig aus der Währungsunion austreten, wenn es gleichzeitig die EU verlässt. Daran ist nicht zu denken. Deutschland ist in der Währungsunion gefangen. Mit dem Beginn der Währungsunion (1999) und der Einführung des Euro (2001) ergab sich daher ein völlig neues Machtgleichgewicht. Was danach kam, waren Anpassungen hin zu diesem neuen Gleichgewicht.

Es fing damit an, dass im Mai 2003 die Definition der Preisstabilität geändert wurde. Galt bis dahin ein Inflationsziel von 1,5 % mit einem Zielband von 0 bis 2 %[41], wurde nun vom EZB-Rat eine Zielmarke von möglichst knapp unter 2 % – also 1,999… Periode – verkündet. Ein so kurioses Inflationsziel gibt es sonst nirgends auf der Welt. Aber die Regierungen hatten es versäumt, das Ziel der Preisstabilität, das sie der unabhängigen EZB vorgeben wollten, zu definieren. Es gibt bereits Forderungen, das Inflationsziel auf drei oder vier Prozent zu erhöhen[42].

1999 hatte der französische Vizepräsident der EZB, Christian Noyer, noch vor dem Europäischen Parlament verkündet: „Ich möchte klar machen, dass wir mit einer Zielinflationsrate von weniger als 2 Prozent nicht 1,99 Prozent meinen. Wir wollen einen ausreichenden Abstand, so dass wir immer sicher im Zielband bleiben"[43]. Im Französischen gibt es das bekannte Motto: „Reculer pour mieux sauter" (Zurückweichen – oder Anlauf nehmen -, um besser springen zu können). Es passt zu dem, was seit 2003 geschah.

Ebenfalls im Mai 2003 beschloss der EZB-Rat, der Orientierung am Geldmengenwachstum einen geringeren Stellenwert zu geben. Es gab nun keine geldpolitische Regel mehr.

Im November 2003 trugen dann auch die Regierungen zur Aufweichung der Regelbindung bei: Sie beschlossen, dass die Verletzung der Defizitgrenzen in Frankreich und Deutschland nicht geahndet werden sollte. Die deutsche Regierung stimmte dem Beschluss zu, sie hätte ohnehin überstimmt werden können. Damit war der Stabilitäts- und Wachstumspakt de facto außer Kraft gesetzt – zumindest für die großen Länder[44].

Im März 2005 folgte die formelle Änderung – das heißt Verwässerung – des Stabilitäts- und Wachstumspakts. Die Deutsche Bundesbank schrieb dazu in ihrem Monatsbericht vom April 2005:

Der Europäische Rat hat […] grundlegenden Änderungen des Stabilitäts- und Wachstumspakts zugestimmt, die die in dem Pakt enthaltenen Regeln entscheidend schwächen. […] Der eingeschlagene Weg, die Haushaltsregeln einem gelockerten Finanzgebaren anzupassen, führt daher in die falsche Richtung. [...] Der Pakt war eine wichtige Voraussetzung für die positive Stellungnahme der Deutschen Bundesbank zur Einführung der gemeinsamen Währung. Er gehört damit zur Geschäftsgrundlage der Währungsunion.

War die Geschäftsgrundlage für den Euro also entfallen?

Als Issing 2006 abtrat und Jürgen Stark sein Nachfolger wurde, erhielt Stark nicht wieder die Leitung der Forschungsabteilung. Die Forschung ging an den Griechen Louka Papademos, einen erklärten Gegner geldpolitischer Regeln und insbesondere der Geldmengenorientierung[45].

Im Mai 2010 beschloss der EZB-Rat – wie erwähnt – gegen die Stimmen seiner deutschen Mitglieder Axel Weber und Jürgen Stark, griechische Staatsanleihen zu kaufen und damit in die monetäre Haushaltsfinanzierung einzusteigen.

Als Anfang 2011 die Entscheidung über die Trichet-Nachfolge anstand und Axel Weber der natürliche Kandidat zu sein schien, schrieb Sarkozy an Merkel, dass er nichts gegen einen deutschen EZB-Präsidenten habe, wenn es Jörg Asmussen (Staatssekretär im Finanzministerium), Klaus Regling (Chef des Euro-Fonds) oder Jens Weidmann (Kanzleramt) sei[46]. Axel Weber war also nicht dabei, er wurde zur Persona non grata erklärt, denn er hatte gegen die Anleihekäufe gestimmt und das auch öffentlich gesagt. Da Frankreich und Italien bei der Ernennung des EZB-Präsidenten über eine Sperrminorität verfügten[47] und die italienische Regierung Draghi favorisierte, war Widerstand zwecklos, und Weber trat empört als Präsident der Bundesbank zurück. Sein Nachfolger wurde Jens Weidmann.

Im August 2011 beschloss der EZB-Rat, auch italienische und spanische Staatsanleihen zu kaufen. Stark, Weidmann und die Vertreter der Niederlande und Luxemburgs stimmten dagegen. Einen Tag später teilte Stark Trichet mit, dass er aus Protest zum Jahresende zurücktreten werde[48]. Starks Nachfolger Jörg Asmussen erhielt nicht mehr die Leitung der so wichtigen Volkswirtschaftlichen Abteilung.

Weidmann wird seitdem im EZB-Rat mehr oder weniger regelmäßig überstimmt. Dazu Stark:

> Ich hätte mir nie träumen lassen, dass ausgerechnet die erfolgreichste europäische Zentralbank nach dem Zweiten Weltkrieg – die Bundesbank – einmal in eine absolute Minderheitsposition geraten würde. [...] Eine solche Institution nun so ins Abseits zu stellen und Positionen, die ihr jetziger Präsident vertritt, in Europa heute beinahe lächerlich zu machen – dass all das möglich ist, bedrückt mich sehr und ist kein gutes Zeichen für die Zukunft[49].

Diese Entwicklung war vorhersehbar. Sie ist vorhergesagt worden[50].

Unter diesen Umständen braucht man sich nicht zu wundern, dass die meisten Deutschen kein Vertrauen zur EZB haben. Glaubt man den Umfragen, so vertrauen nur 32 % der Deutschen der EZB[51]. Leider existiert keine entsprechende Umfrage für die Bundesbank. Aber es gibt das Sprichwort: „Nicht alle Deutschen glauben an Gott, aber alle Deutschen glauben an die Bundesbank."

Vor 1999 herrschte in Europa ein Wettbewerb der Zentralbanken. In diesem Wettbewerb gab die wettbewerbsfähigste – das heißt die stabilitätsbewussteste – Zentralbank den Ton an. Das war die Deutsche Bundesbank. Seit 1999 wird in der Eurozone mit einfacher Mehrheit über die Geldpolitik entschieden. Dabei setzt sich die mittlere Präferenz durch. Es ist – wie die Erfahrung zeigt[52] – zumeist die französische.

Quellenverzeichnis

1. Deutschlandfunk, 24.05.2015.
2. Bundesbank-Präsident Otmar Emminger schrieb einen Brief an Bundeswirtschaftsminister Otto Graf Lambsdorff, der den Empfang bestätigte. Auf diese Erlaubnis berief sich die Bundesbank, als sie im Juli 1993 ihre Devisenmarktinterventionen aussetzte.
3. Interview mit Allan H. Meltzer, Welt am Sonntag, 20.09.2015. Meltzer kritisierte, dass Präsident Barack Obama ganz anders verfuhr.
4. Der Rettungsfonds nannte sich „Europäische Finanzstabilitätsfazilität (EFSF)", das EZB-Programm „Securities Markets Programme" (SMP).
5. Carlo Bastasin, Saving Europe, Brookings: Washington 2015. (S. 188 f., 193, 194, 198, 199, 201, 285 f., 332, 384–387).
6. Zwölf der 22 EZB-Ratsmitglieder stammten aus Frankreich und den akut gefährdeten Mitgliedstaaten: Trichet (Frankreich), Bini-Smaghi (Italien), Constancio (Portugal) Gonzales-Páramo (Spanien), Bonello (Malta), Costa (Portugal), Draghi (Italien), Ordonez (Spanien), Honohan (Irland), Noyer (Frankreich), Orphanides (Zypern) und Provopoulos

(Griechenland). Provopoulos, der noch von der konservativen Vorgängerregierung ernannt worden war, stimmte zwar in der Schlussabstimmung gegen die Anleihekäufe, aber bei einem Stimmenpatt gibt die Stimme des Präsidenten den Ausschlag. Zum Schluss votierten nur fünf EZB-Ratsmitglieder gegen den Ankauf griechischer Staatsanleihen – darunter die beiden Deutschen. Aber das bedeutet nicht, dass alle anderen inhaltlich dafür waren. Mancher stimmt in der Hoffnung auf Gegenleistungen mit der Mehrheit, wenn er den Beschluss sowieso nicht verhindern kann.

7. Peter Ludlow, „In the Last Resort: The European Council and the Euro Crisis, Spring 2010", Eurocomment Briefing Note, Vol. 7, No. 7/8, June 2010. (S. 31).

8. Vgl. den ausführlichen Bericht „Neue Telefonmitschnitte belasten Sarkozy: Ehemaliger französischer Präsident drängte offenbar Richter zu Gefälligkeitsdiensten", Frankfurter Allgemeine Zeitung, 14.07.2014.

9. Dirk Meyer, „Wie die Zentralbanken eigenes Geld drucken und ihre Regierungen finanzieren", Wirtschaftswoche, 12.02.2016.

10. Dirk Meyer, „ANFA – nationale Geldschöpfung als Sprengsatz für die Währungsunion?" Wirtschaftsdienst, 2016, Nr. 6. (S. 413–421).

11. Daniel Hoffmann, „Erste Erkenntnisse zum ANFA-Abkommen", ifo Schnelldienst 13/2016. Bundesbank-Präsident war 2003 Ernst Welteke. (S. 19–27).

12. Bei der italienischen Zentralbank waren es 2014 mindestens 80 Mrd. Euro, bei der irischen 2013 43 Mrd. Euro. In: Daniel Hoffmann, „Erste Erkenntnisse zum ANFA-Abkommen", ifo Schnelldienst 13/2016.

13. Börsenzeitung, 28.07.2016.

14. Yannis Palailogos, „How Trichet threatened to cut Greece off", Ekathimerini, 03.11.2014, http://www.ekathimerini.com/158504/article/ekathimerini/business/how-trichet-theatened-to-cut-greece-off.

15. Irish Times, 06.11.2014, wieder abgedruckt in der Financial Times, London, 07.11.2014.
16. Im englischen Originalzitat heißt es „outrageous overreach" (The Independent, Dublin, 20.04.2015). Der Name des Beamten ist Chopra.
17. Ray McSharry, in: B. Murphy, M. O'Rourke, N. Welan (Hg.), Brian Lenihan: In Calm and Crisis, Newbridge 2014. (S. 111).
18. Irish Times, 23.11.2014.
19. Financial Times, London, 28.01.2016.
20. Es handelt sich um den European Financial Stability Mechanism (EFSM). Vgl. Klaus-Peter Willsch, Von Rettern und Rebellen, München 2015. (S. 71).
21. Financial Times, London, 07.11.2014.
22. Frankfurter Allgemeine Zeitung, 29.11.2016. Wie die FAZ berichtet, hat Zapatero die Einzelheiten in seinen Memoiren ("Das Dilemma") geschildert. Demgemäß hat ihm die deutsche Bundeskanzlerin außerdem nahe gelegt, beim Internationalen Währungsfonds einen Präventivkredit von 50 Mrd. Euro zu beantragen.
23. Financial Times, London, 16.05.2014.
24. Interview, Volkskrant, 13.04.2014.
25. EFSF steht für European Financial Stability Facility, ESM für European Stability Mechanism. Beide zusammen habe ich als „Euro-Fonds" bezeichnet. Es handelt sich um die Abschlusserklärung zum Euro-Gipfeltreffen vom 29.06.2012.
26. Monti am 18.09.2014 in Rom. Zitiert nach Hans-Werner Sinn, „Mutation zur Bad Bank", Wirtschaftswoche, 29.09.2014, Nr. 40. Die EZB nannte das Programm „Outright Monetary Transactions" (OMT).
27. Die WELT, 18.08.2012. (S. 17).

28. Frankfurter Allgemeine Zeitung, 08.09.2012, „Schäuble: Keine Staatsfinanzierung" (Quelle: Reuters).
29. Vorlageentscheid des Zweiten Senats des Bundesverfassungsgerichts vom 18.03.2014 (2BvE 6/12 – Rn. (1-245); Urteil des Gerichtshofs der Europäischen Union vom 16.06.2015 (C-62/14) und Urteil des Zweiten Senats des Bundesverfassungsgerichts vom 21.06.2016. Eine kurze Kritik an diesen Urteilen folgt im Kap. 4.
30. Die WELT, 24.05.2014.
31. Frankfurter Allgemeine Zeitung, 27.04.2016.
32. bloomberg.com/news/print/2014-04-28.
33. Wall Street Journal Online 28.04.2014.
34. Die EZB nennt das Programm „Asset Purchase Program" (APP).
35. Zum Beispiel Eurointelligence, 29.04.2014.
36. Der offizielle Titel lautet „Die Wirtschafts- und Währungsunion vollenden".
37. Reuters, 18.01.2015.
38. Europäische Kommission, Präsident Junckers politische Leitlinien, 15.07.2014, (https://ec.europa.eu/priorities/publications/president-junckers-political-guidelines_de). (S. 8).
39. Als der Euro 2014 gegenüber dem Dollar stark aufwertete, gab es jedoch in Frankreich und Italien wiederholt Forderungen nach einer Wechselkursbindung für den Euro, und Jean-Claude Juncker warb für seine Kandidatur als Kommissionspräsident mit dem Versprechen, "dass er den Finanzministern der Eurozone allgemeine Richtlinien für den Wechselkurs des Euro vorschlagen" werde (Eurointelligence, 15.05.2014). Sarkozy forderte bereits 2012 „eine aktive Wechselkurspolitik", um die Exporte anzukurbeln (Frankfurter Allgemeine Zeitung, 19.04.2012).
40. Nach Artikel 11 der Satzung der EZB wird der Präsident für acht Jahre ernannt. Duisenberg verpflichtete sich, nach vier Jahren zurückzutreten, und das tat er auch.

41. Der Zielwert von 1,5 Prozent ergab sich aus der sogenannten Quantitätsgleichung, der Referenzrate der Geldmengenexpansion (4,5 Prozent), dem unterstellten Wirtschaftswachstum (2,25 Prozent) und der unterstellten Veränderungsrate der Umlaufgeschwindigkeit des Geldes (minus 0,75 Prozent). Vgl. den Monatsbericht der EZB vom Februar 1999. (S. 40).

42. Zum Beispiel von Paul Krugman und Willem Buiter.

43. Europäisches Parlament, Ausschuss für Wirtschaft und Währung, Anhörung, 27.09.1999.

44. Als das übermäßige französische Haushaltsdefizit im Mai 2016 wieder einmal von der Kommission geduldet wurde, erklärte Präsident Juncker mit entwaffnender Offenheit, er tue dies, „weil es Frankreich ist". Auch Spanien wurde im Juli 2016 verschont – angeblich mit Schäubles Billigung.

45. Papademos war Präsident der griechischen Zentralbank, als die griechische Regierung im Jahr 2000 ihre Haushaltsstatistiken fälschte, um zur Währungsunion zugelassen zu werden.

46. Reuters und die Wirtschaftswoche berichteten darüber in der zweiten Januar-Hälfte 2011.

47. Der Rat der Eurogruppe entscheidet darüber mit einer qualifizierten Mehrheit von 73,9 Prozent (Artikel 283 AEUV und Artikel 3, Ziffer 3 und 4 des Protokolls über die Übergangsbestimmungen). Der zukünftige Präsident der EZB musste also mindestens 158 der 213 Stimmen erhalten. Die Sperrminorität lag bei $213 - 158 + 1 = 56$ Stimmen. Frankreich und Italien verfügen über jeweils 29 Stimmen – also zusammen 58 Stimmen.

48. Jürgen Stark, „Auf dem Weg in eine andere Geldordnung", Handelsblatt, 28.08.2012 und Financial Times, London, 16.05.2014.

49. Zitiert nach Klaus-Peter Willsch, Von Rettern und Rebellen, München 2015. (S. 212).
50. Man sollte sich nach Möglichkeit nicht selbst zitieren, aber es bedarf hier eines Belegs: „Die beiden deutschen Vertreter im Zentralbankrat werden sich mit ihrer Stabilitätspräferenz am äußersten Rand des Meinungsspektrums befinden" (Handelsblatt, 07.04.1998).
51. Standard Eurobarometer 85, 2016, Anhang.
52. Schon vor der Einführung des Euro war es so, dass Frankreich bei den Inflationsraten und bei den in Meinungsumfragen geäußerten Inflationspräferenzen im Mittelfeld lag. Vgl. Roland Vaubel, „Das EWS-Debakel und die Zukunft der europäischen Währungsunion: Erklärungen und Simulationen aus der Sicht der Public Choice Theorie", in: Gerhard Rübel (Hg.), Perspektiven der europäischen Integration, Heidelberg 1994. (S. 53–85).

3

Neues aus der Haftungsunion

Soll Deutschland für die Fehler mithaften, die in anderen Mitgliedstaaten begangen werden? Diese Frage stellte sich nicht nur 2010, als Griechenland in Schwierigkeiten geriet. Es ist auch die Kernfrage der sogenannten „Bankenunion". Denn wenn die deutschen Banken – wie beschlossen – Beiträge zu einem europäischen Sanierungs- und Abwicklungsfonds zahlen müssen oder – wie von den fünf Präsidenten gefordert – einen europäischen Einlagensicherungsfonds mitfinanzieren sollen, trägt die Kosten letztlich der deutsche Sparer. Deshalb handelt dieses Kapitel auch von der Bankenunion.

Rein rechtlich gesehen ist klar, dass die Euroländer 2010 nicht die Haftung für Griechenlands und Irlands Schulden übernehmen durften. Denn nach der damaligen Rechtslage war es sowohl der Europäischen Union als auch den Mitgliedstaaten verboten, „für Verbindlichkeiten eines

© Springer Fachmedien Wiesbaden 2018
R. Vaubel, *Das Ende der Euromantik,*
https://doi.org/10.1007/978-3-658-18563-3_3

Mitgliedstaates einzutreten"[1]. Erst im Folgejahr wurde dieses Verbot durch eine Vertragsänderung gelockert[2]. Doch ganz abgesehen von diesem Rechtsbruch, der im Kap. 4 näher beleuchtet werden soll, musste der Einstieg in die Haftungsunion verheerende Anreizwirkungen haben. Griechenland hatte seine Schwierigkeiten selbst verschuldet. Sie wurden nicht durch die Finanzmarktkrise von 2008 ausgelöst. Griechenland hatte die Drei-Prozent-Grenze für das zulässige Haushaltsdefizit in jedem Jahr seit seinem erschlichenen Euro-Beitritt von 2001 verletzt. Wie das Statistische Amt der Europäischen Union vorgerechnet hat, war der griechische Staatshaushalt im Zeitraum 2007 bis 2010 per saldo nicht durch Bankenhilfen belastet worden[3]. Es ist grundsätzlich falsch, Fehlverhalten zu belohnen. Für die Folgen hätten allein die Urheber aufkommen müssen: Die griechischen Wähler und die Gläubiger, die dem griechischen Staat trotz der erkennbaren Risiken zu hohen Zinsen so viel Geld geliehen hatten.

Stattdessen erhielt Griechenland von den anderen Mitgliedstaaten immer mehr Kredite zu günstigsten Konditionen, sodass sich heute fast die gesamte griechische Staatsschuld von weit über 200 Mrd. EUR in der Hand der Euro-Fonds, der EZB, der EU, einzelner Mitgliedstaaten und des Internationalen Währungsfonds befindet. Deutschland haftet in der Eurozone mit einem Anteil von mindestens 27 %. Wenn zum Beispiel der griechische Staat Insolvenz anmeldet und sich die anderen fünf Krisenstaaten (Irland, Portugal, Zypern, Spanien und Italien) nicht an der Haftung beteiligen, steigt der deutsche Anteil auf 43 %.

Wegen seiner geringen Kreditwürdigkeit musste Griechenland 2010 am Anleihemarkt Zinssätze von über zehn

Prozent bezahlen. Es war jedoch nicht so, dass der griechische Staat am Markt kein Geld mehr bekommen hätte. Griechenland war im Mai 2010 nicht zahlungsunfähig. Aber ohne drastische Reformen wäre es wohl früher oder später in die Insolvenz geschlittert.

Dass Staaten ihren Schuldendienst einstellen, ist nicht ungewöhnlich. Sie verhandeln dann mit ihren Gläubigern und vereinbaren eine Umschuldung. Die bekanntesten Beispiele des vorangehenden Jahrzehnts waren Ecuador (2000 und 2009), Belize (2007), Argentinien (2005), Grenada (2005), Uruguay (2003), Moldawien (2002), Russland (2000), die Ukraine (2000) und Pakistan (1999) gewesen. Auch der griechische Staat hat in seiner Geschichte des Öfteren Insolvenz angemeldet. Selbst in Bundesstaaten, wie den USA und der Schweiz, kommt es gelegentlich zu Insolvenzen einzelner Gebietskörperschaften (zum Beispiel Arkansas, Minnesota, Leukerbad). Die Währungsunion wäre nicht – wie 2010 behauptet wurde – zusammengebrochen, wenn Griechenland vorübergehend seinen Schuldendienst eingestellt hätte. Im Gegenteil, ein kräftiger Schuldenschnitt hätte es dem Land erleichtert, auch ohne Euro-Austritt und Abwertung wieder Fuß zu fassen.

Der Internationale Währungsfonds forderte von Anfang an eine nachhaltige Umschuldung[4]. Dazu kam es aber erst im März 2012, und nur auf Drängen des IWF sagte die Eurogruppe im Mai 2016 zu, Griechenland auch 2018 – nach der Bundestagswahl – in bestimmtem Umfang weitere Schuldenerleichterungen zu gewähren. Bundesfinanzminister Schäuble hatte 2013 erklärt: „Es wird keinen weiteren Schuldenschnitt geben"[5].

Schäuble, Trichet und Sarkozy lehnten 2010 eine Umschuldung Griechenlands mit der Begründung ab, sie werde die Zinsen für die anderen überschuldeten Euro-Staaten in die Höhe treiben, weitere Staatsinsolvenzen auslösen und den Banken hohe Verluste bescheren, sodass ein Wiederaufflammen der Bankenkrise nicht auszuschließen sei. Dagegen sprach, dass Griechenland, Portugal, Irland und Zypern viel zu klein sind, um den systemrelevanten Banken ernsthafte Probleme zu bereiten. Wie dem auch sei, wenn dies die Befürchtung war, so hätte es eine viel billigere und bessere Lösung gegeben, als fast die gesamte – weitgehend wertlose – griechische Staatsschuld zu übernehmen. Denn nur ein Bruchteil dieser Anleihen befand sich ja im Besitz von Banken. Für die Stabilität der Finanzmärkte hätte es völlig ausgereicht, wenn die Regierungen den Banken die Verluste aus dem Schuldenschnitt ersetzt hätten. Man hätte sich dabei sogar auf gefährdete systemrelevante Banken beschränken können. Papandreous Strategie, auf eine Umschuldung und Abwertung zu verzichten und im Gegenzug in Brüssel finanzielle Unterstützung zu verlangen, wurde von 61 % der Griechen abgelehnt[6], aber von Sarkozy, Trichet, Schäuble und Kommissionspräsident Barroso, einem Portugiesen, gut geheißen – vielleicht sogar inspiriert. Weshalb wollte Sarkozy die Haftungsunion?

Sarkozy brüstete sich nachher auf der Pressekonferenz, er habe „den Euro gerettet". Was meinte er damit? Er hatte verhindert, dass die Griechen die Währungsunion verließen. Denn das wäre aus Pariser Sicht ein gefährlicher Präzedenzfall gewesen. Wenn man Griechenland aus dem Euro gelassen hätte, hätten auch andere Länder auf

die Idee kommen können, aus der Währungsunion auszu-
treten – zum Beispiel Deutschland. Dann wäre der ganze
französische Verhandlungscoup von 1989–1991 umsonst
gewesen[7].

Interessant ist auch, dass in Meinungsumfragen eine
deutliche Mehrheit der Franzosen, aber nur eine kleine
Minderheit der Deutschen erklärte, ihr Land könne einmal in die gleiche Lage wie Griechenland kommen[8].

Schließlich ist von Bedeutung, dass die französischen
Banken relativ zum Bruttosozialprodukt etwa doppelt
so hohe Forderungen an den griechischen Staat in ihren
Büchern hielten wie die deutschen Banken. Der französische Finanzierungsanteil am Euro-Fonds ist dagegen deutlich kleiner als der deutsche.

Wolfgang Schäuble hat den Eintritt in die Haftungsunion so kommentiert: „Wir können eine politische
Union nur erreichen, wenn wir eine Krise haben"[9]. Ihm
geht es vor allem darum, immer mehr europäische Institutionen zu schaffen und ihnen immer mehr Zuständigkeiten zu übertragen. Deshalb sind ihm Krisen willkommen.
Er ist (der letzte?) Euromantiker.

Schäuble betont regelmäßig, dass die subventionier-
ten Kredite der Euro-Fonds mit harten Auflagen verbun-
den werden. Aber die Auflagen rechtfertigen nicht die
Tatsache, dass der griechische Staat die Kredite von den
Euro-Fonds viel billiger bekommt als auf dem Markt.
Denn wenn Griechenland wirtschaftspolitische Reformen
anpackt, sinken ja auch die Zinsen, die es auf dem Markt
zahlen müsste. Der niederländische Ministerpräsident
Mark Rutte fragt deshalb, wieso sein Land für griechische
Reformen zahlen soll: „Wir haben in den Niederlanden

ohne jede ausländische Hilfe zahlreiche Reformen ergrif-
fen, und jetzt sollen wir denen, die auf Reformen verzichtet haben, dafür Geld bezahlen?"[10]

Um die Erfüllung der Auflagen zu überwachen,
wurde die bereits erwähnte „Troika" nach Griechenland geschickt. Sie setzte sich aus zwei Deutschen (Klaus
Masuch für die EZB und Matthias Mors für die EU-
Kommission) sowie einem Dänen (Paul Thomsen für
den IWF) zusammen. In Griechenland werden die harten Auflagen vor allem Schäuble, Merkel und der Troika
zugerechnet und als „deutsches Diktat" interpretiert. Folge
ist, dass nach einer Meinungsumfrage 70 % der Griechen
ein negatives Bild von Deutschland haben[11] und eine
Arbeitsgruppe des griechischen Finanzministeriums den
heutigen Wert griechischer Forderungen aus dem Zweiten Weltkrieg berechnet, der von den griechischen Euro-
schulden abgezogen werden soll[12]. Zwischen Schuldnern
und Gläubigern wird es selten Freundschaft geben. Wenn
man sich Freunde machen will, sollte man Geschenke
verteilen. Und war es klug, sich als Lehrmeister Griechenlands aufzuspielen? Haben die französischen Unter-
händler in Maastricht vielleicht sogar vorher gesehen, dass
Deutschland auf der Einhaltung der Regeln bestehen,
damit wenig erreichen und sich unbeliebt machen würde?
Hat es irgendjemanden überrascht, dass Deutschland
immer noch im Glashaus sitzt? Soll die Zusammenarbeit
in Europa nicht dem Frieden und der Völkerverständigung dienen? Schäubles Strategie hat das genaue Gegenteil
bewirkt: Streit und Unfrieden.

Haftung im Internationalen Währungsfonds
Deutschland haftet auch für die subventionierten Kredite, die der Internationale Währungsfonds an Griechenland vergibt, aber der deutsche Anteil ist dort geringer – ungefähr sieben Prozent. Eigentlich hätte der Fonds seine Kredite nicht an Griechenland vergeben dürfen.

Erstens darf ein Mitgliedstaat nach der IWF-Satzung einen Kredit nur erhalten „wegen seiner Zahlungsbilanz oder wegen geringer oder stark rückläufiger Währungsreserven"[13]. Keine der Bedingungen traf in diesem Fall zu. Griechenland hatte umfangreiche Währungsreserven – es verpfändete später einen Teil an Finnland. Als Mitglied der Währungsunion durfte Griechenland gar nicht eigenständig am Devisenmarkt intervenieren und konnte infolgedessen auch keine Währungsreserven verlieren. Die IWF-Kredite erhielt es auch nicht wegen Zahlungsbilanzproblemen, sondern wegen seiner überhöhten Haushausdefizite und Staatsverschuldung. Wie die Deutsche Bundesbank bereits im März 2010 klarstellte, „ist ein finanzieller Beitrag des IWF bei der Lösung von strukturellen Problemen, die keinen Fremdwährungsbedarf implizieren – etwa der direkten Finanzierung von Budgetdefiziten oder der Finanzierung einer Bankenkapitalisierung – mit seinem monetären Mandat nicht zu vereinbaren"[14].

Zweitens waren die IWF-Kredite vom Umfang her regelwidrig: Sie entsprachen dem 24-fachen des griechischen Anteils am IWF-Kapital. Einen so riesigen Kredit für ein so kleines Land hatte es noch nie gegeben. Dabei ist das Pro-Kopf-Einkommen in Griechenland viel höher als in den meisten anderen Mitgliedstaaten des IWF.

Drittens darf der IWF Kredite nur an solche Mitgliedstaaten vergeben, die das Geld mit großer Wahrscheinlichkeit zurückzahlen können, das heißt deren Schulden tragfähig sind.

Viertens bemängelte das Kontrollbüro des IWF später, dass die IWF-Beamten unter Druck gesetzt und die Exekutivdirektoren der Mitgliedstaaten nicht angemessen informiert worden seien[15]. Außerdem habe es der IWF versäumt, einen Schuldenschnitt durchzusetzen. Aber Direktor des IWF war zu dieser Zeit der Franzose Dominique Strauss-Kahn, und als dieser wegen eines Skandals zurücktrat, folgte die Französin Christine Lagarde.

Oberstes Aufsichtsgremium des IWF ist der Gouverneursrat. Dort ist jeder Mitgliedstaat durch seinen Finanzminister oder Zentralbankpräsidenten vertreten. Er hat nichts unternommen.

Aber der Mai 2010 war nur der Anfang. Wie die Dominosteine fielen nun auch die anderen überschuldeten Länder. Zunächst wurden die subventionierten Kredite auch Portugal und Irland aufgedrängt. Es folgte ein zweites Griechenland-Paket, die Haftung für Zypern und ein drittes Griechenland-Paket. 2015 wurde stolz verkündet, die Programme für Irland, Portugal und Zypern seien beendet. Aber das heißt ja nicht, dass diese Länder ihre Kredite zurückgezahlt haben. Es bedeutet nur, dass sie kein weiteres Geld erhalten. Prompt begann Portugal damit, einige der Reformen – zum Beispiel die Kürzung der Beamtengehälter – wieder zurückzunehmen. Die Rückzahlung der Kredite ist bis auf den Sankt-Nimmerleins-Tag verschoben. Niemand rechnet damit, dass zum Beispiel Griechenland seine Schulden zurückzahlt.

Der erste Euro-Fonds von Mai 2010 (EFSF) war auf drei Jahre befristet. Das hatte Thomas de Maizière, der für den erkrankten Schäuble eingesprungen war, am 9. Mai 2010 im letzten Moment durchgesetzt[16]. Die Deutsche Bundesbank warnte schon im Juni:

> Kritisch zu sehen wäre es, wenn — wie verschiedentlich vorgeschlagen — die gegenwärtig befristete Finanzstabilisierungsfazilität in eine dauerhafte Unterstützungsfazilität überführt werden würde … Das Ausfallrisiko für Staatsanleihen einzelner Mitgliedstaaten würde auf alle an der Währungsunion teilnehmenden Staaten verteilt und damit die disziplinierende Wirkung der Finanzmärkte weitgehend ausgeschaltet[17].

Im Juli versprach Schäuble: „Die Rettungsschirme laufen aus. Das haben wir klar vereinbart. Griechenland wird insgesamt drei Jahre die Kreditlinien in Anspruch nehmen können. Dann können sie noch fünf Jahre laufen. Danach ist Schluss"[18].

Noch Ende Oktober 2010 erklärte Kanzlerin Merkel zum EFSF:

> Er läuft 2013 aus. Das haben wir auch genau so gewollt und beschlossen. Eine einfache Verlängerung kann und wird es mit Deutschland nicht geben, weil der Rettungsschirm nicht als langfristiges Instrument taugt, weil er Märkten und Mitgliedstaaten falsche Signale sendet und weil er eine gefährliche Erwartungshaltung fördert. Er fördert die Erwartungshaltung, dass Deutschland und andere Mitgliedstaaten und damit auch die Steuerzahler dieser

Länder im Krisenfall schon irgendwie einspringen und das Risiko der Anleger übernehmen können[19].

Im Dezember desselben Jahres einigten sich die Finanzminister auf einen zweiten, noch viel größeren Euro-Fonds (EMS), der in alle Ewigkeit bestehen soll. Eine Dauerinstitution für ein vorübergehendes Problem? Wollte sich da jemand ein Denkmal setzen?

In der FDP und auch sonst im Bundestag regte sich Widerstand. In der FDP erreichte Frank Schäffler eine Mitgliederbefragung, aber zu wenige nahmen daran teil. 55 % der Teilnehmer stimmten für den Dauerfonds. In der Unionsfraktion gab es ebenfalls Rebellen. Bei der Abstimmung über den ESM fehlte der Regierungskoalition im Bundestag eine eigene Mehrheit, aber der neue Fonds wurde mit den Stimmen der SPD und der Grünen trotzdem durchgesetzt. Den führenden Rebellen erging es schlecht. Frank Schäffler trat als Obmann im Finanzausschuss zurück. Klaus-Peter Willsch (CDU), ebenfalls Obmann im Finanzausschuss, fand sich 2013 nach der Bundestagswahl als einfaches Mitglied im Ausschuss für Wirtschaft und Energie wieder. Alexander Funk, auch CDU, wurde vom Haushaltsausschuss in den Verkehrsausschuss strafversetzt.

Im Juni 2012 gab Schäuble dem Drängen der spanischen Regierung nach, die – ohne wirtschaftspolitische Auflagen zu erfüllen – einen subventionierten Kredit des Euro-Fonds für die Rekapitalisierung der spanischen Sparkassen wollte. Die damaligen Ereignisse sind von einem Sitzungsteilnehmer folgendermaßen beschrieben worden:

Bei einer geheimen Zusammenkunft der Finanzminister der vier größten Volkswirtschaften des Euroraums, die im Juni 2012 im Pariser Flughafen Charles de Gaulle stattfand, überraschte der deutsche Finanzminister Wolfgang Schäuble seine Gesprächspartner mit der Ankündigung, dass er bereit sei, einer gemeinsamen Finanzierung der Bankenrettung im Euroraum zuzustimmen – aber nur zu einem Preis: die Aufsicht über die Banken der Eurozone müsse den nationalen Behörden entzogen werden. … Schäubles Sinneswandel verblüffte seine Gesprächspartner so sehr, dass der französische Finanzminister Pierre Moscovoci eine Bestätigung wollte. … Er sagte: Entschuldigen Sie die Nachfrage, aber haben Sie das mit Ihrer Kanzlerin abgeklärt? Schäuble antwortete: Ich kläre solche Dinge immer vorher mit der Kanzlerin ab[20].

Die spanischen Sparkassen waren sicherlich nicht systemrelevant. Der Euro-Fonds zahlte an den spanischen Bankenrettungsfonds, der das Geld an die Sparkassen weiterleitete. Die gleiche Konstruktion wurde später für die griechischen und zyprischen Banken gewählt. Auf diese Weise hält der Euro-Fonds die Mehrheit an den griechischen Banken. Schäuble hatte den Startschuss für sein nächstes Projekt – die „Bankenunion" – gegeben.

Bankenunion

Die gemeinsame Rekapitalisierung der spanischen Sparkassen diente Schäuble als Begründung für die europäische Bankenaufsicht. Wenn Deutschland für die Banken in anderen Euroländern hafte, dann müsse es auch an der Aufsicht über diese Banken beteiligt sein, um erkennbares Fehlverhalten von vornherein ausschalten zu können.

Bedenkt man, dass Schäuble die gemeinsame Rekapitalisierung der spanischen Banken zuvor stets als Irrweg bezeichnet hatte, so ist die europäische Bankenaufsicht also Folge eines Irrwegs.

Die europäische Bankenaufsicht, die im November 2014 ihre Arbeit aufnahm, bezog sich auf die laufenden Geschäfte der Banken – an deren Altlasten konnte sie nichts ändern. Deshalb versuchte die EZB, die Altlasten durch eine „umfassende Überprüfung der Kreditqualität" aufzudecken. Dieser Versuch war von vornherein zum Scheitern verurteilt. Denn dazu hätte die EZB jeden einzelnen Kredit unter die Lupe nehmen müssen. Dazu blieb keine Zeit. Nur ein geringer Teil der Kredite wurde untersucht, und dieser war – wie auch der deutsche Sachverständigenrat bemängelte[21] – „von den nationalen Aufsehern selbst vorgeschlagen" worden – also von denen, die die faulen Kredite in der Vergangenheit übersehen hatten, vielleicht auch gar nicht beanstanden wollten. Auf den Einsatz unabhängiger Wirtschaftsprüfer wurde weitgehend verzichtet.

Einen notleidenden Kredit zu entdecken ist nicht einfach, denn der verantwortliche Banker kann die Zahlungsunfähigkeit des Schuldners verschleiern, indem er ihm einen neuen Kredit gibt. Damit schützt sich der Banker zugleich vor dem Vorwurf, dass er selbst einen Fehler gemacht hat. Schon bald nach der Überprüfung tauchten bei einer italienischen und einer portugiesischen Bank Probleme auf, die die EZB übersehen hatte – von den griechischen Banken ganz zu schweigen.

Die europäische Bankenaufsicht ist auch damit begründet worden, dass die nationalen Aufseher wegen persönlicher Beziehungen oder politischer Einflüsse eher ein Auge zudrücken als die EZB. Das kann sein, aber der EZB fällt es schwerer, die notleidenden Kredite zu entdecken, als den örtlichen Aufsehern, die die Kreditnehmer eher kennen. Auch sind die Lobbyaktivitäten der Banken auf europäischer Ebene der Aufmerksamkeit der Medien und Wähler stärker entzogen als die Lobbyaktivitäten im Heimatland. Das mag erklären, warum eine bekannte politikwissenschaftliche Studie zu dem Ergebnis gelangt, dass die europäischen Institutionen „für Lobbyaktivitäten anfälliger sind als jeder einzelne Mitgliedstaat"[22].

Die bisherigen Erfahrungen wecken überdies starke Zweifel an der Lobbyresistenz der EZB. Die EZB hat ihre Anforderungen an die Pfänder der Banken in der Krise Schritt für Schritt abgesenkt, die eingereichten Staatspapiere immer milder bewertet und auch nichts dagegen getan, dass die nationalen Zentralbanken im Rahmen der Notfall-Liquiditätshilfe minderwertige Sicherheiten von den Banken akzeptieren. In der Zypernkrise (2012/2013) diente die Notfall-Liquiditätshilfe dazu, den Konkurs der Popular Cyprus Bank, die später in Laiki Bank umbenannt wurde, zu verschleppen. Eine Zeitung berichtete über die Rolle des EZB-Vizepräsidenten Benoit Coeuré:

> Im Juli 2012 gab [...] Benoit Coeuré [...] dem Chef der Bank von Zypern [...] Tipps, wie er die Regeln lockern und umgehen könne. Die Notenbank habe 'im Prinzip die Möglichkeit, weniger stringente Bewertungen und Abschläge anzuwenden' [...], schrieb Coeuré[23].

Nicht nur die „umfassende Überprüfung der Kreditqualität", sondern auch der „Stress-Test", den die EZB 2015 durchführte, sind von unabhängigen Fachleuten als viel zu lasch kritisiert worden – der Kapitalbedarf sei dreißigmal höher als von der EZB geschätzt[24], [25]. Die Annahmen waren zu optimistisch, und die EZB überließ es den Banken, die Szenarien durchzurechnen. Als größte Gläubigerin der Banken ist die EZB nicht daran interessiert, die Forderungen der Banken vorsichtig zu bewerten, denn im Fall einer Bankinsolvenz muss sie selbst einen Teil ihrer Forderungen abschreiben.

Die Letztentscheidung in der Bankenaufsicht liegt bei der Mehrheit des EZB-Rats – bei derselben Mehrheit, die auch über die Geldpolitik entscheidet. Sie ist – wie wir im Kap. 2 gesehen haben – hochgradig politisiert.

Ist es überhaupt sinnvoll, Bankenaufsicht und Geldpolitik in eine Hand zu geben? Die meisten Ökonomen bezweifeln das. Wer sich in der Geldpolitik auskennt, versteht nicht unbedingt etwas von der Bankenaufsicht und umgekehrt. Außerdem kann es leicht zu Zielkonflikten kommen.

Die EZB könnte zum Beispiel versucht sein, auf die stabilitätsorientierte Geldpolitik, zu der sie verpflichtet ist, zu verzichten, um Schwierigkeiten bei den Banken zu vermeiden. Oder sie könnte ihre eigenen Fehler in der Bankenaufsicht vertuschen wollen, indem sie die Geldpolitik lockert. Sie könnte schließlich als Aufsichtsbehörde davor zurückschrecken, insolvente Banken zu schließen, weil sie im Rahmen der Geldpolitik Forderungen an die Banken erworben hat, die sie dann abschreiben müsste.

Die Zuständigkeit für die Bankenaufsicht gefährdet auch die Unabhängigkeit der EZB. Zum einen dürfen die Vorsitzende des Aufsichtsausschusses und ihre

Stellvertreterin wie erwähnt nur mit Zustimmung des Europäischen Parlaments ernannt werden. Zum anderen ist die EZB nicht die einzige, die Banken schließen kann – auch die Abwicklungsbehörde der Eurozone und die europäische Bankenaufsichtsbehörde (EBA), die für die gesamte EU zuständig ist, haben dieses Recht. Die EZB kann nicht verhindern, dass eine Bank, die sie für solvent hält, von einer dieser anderen Institutionen geschlossen wird. Sie ist daher von diesen abhängig.

Der EZB die Bankenaufsicht zu übertragen, widerspricht auch dem Demokratieprinzip. Wenn die EZB eine Bank schließt und diese dann saniert wird, hat das Konsequenzen für den Haushalt des betreffenden Mitgliedsstaats. Die Staatsausgaben sind jedoch in der Demokratie vom Parlament zu verantworten – nicht von einer unabhängigen Institution wie der EZB. Eine unabhängige Institution ist gut für die Geldpolitik, aber nicht für die entscheidenden Fragen der Bankenaufsicht.

Aus allen diesen Gründen haben die Expertengremien, die sich mit dieser Frage beschäftigt haben, davon abgeraten, die Bankenaufsicht der EZB zu übertragen:

- „Die Nachteile der Zusammenlegung der Bankenaufsicht und der Geldpolitik würden gerade in der Eurozone besonders zum Vorschein kommen", schrieb der Wissenschaftliche Beirat beim Bundesministerium für Wirtschaft und Technologie[26].
- „Um Geldpolitik und Aufsicht klar zu trennen […], sollte die europäische Aufsicht in einer von der EZB getrennten Institution angesiedelt werden", empfahl der Sachverständigenrat[27].

- „Mir geht es vielmehr darum, die Interessenkonflikte zwischen Geldpolitik und Bankenaufsicht zu vermeiden. Ich sehe nicht, wie das auf der vorgesehenen rechtlichen Basis zur Übertragung der Aufsichtskompetenzen an die EZB möglich ist" – so Bundesbankpräsident Jens Weidmann[28].
- Auch die von der EU eingesetzte Expertengruppe unter Leitung von Jacques de Larosière riet ab: „Während unsere Gruppe eine stärkere Rolle der EZB hinsichtlich der makroökonomischen Finanzstabilität durchaus befürwortet, treten wir nicht für eine Beteiligung der EZB an der mikroökonomischen Aufsicht der Banken ein"[29].

Haftung in der Bankenunion – zum Schaden der deutschen Sparer

Im Dezember 2013 einigte sich der Euro-Ministerrat auf einen gemeinsamen Fonds für die Sanierung oder Abwicklung von Banken. Im Januar 2016 nahm der Fonds seine Arbeit auf[30]. Er wird aus Beiträgen aller Banken der Eurozone gespeist. Vor einem solchen Fonds hatten im Juli 2012 etwa 280 Wirtschaftsprofessoren des deutschsprachigen Raums gewarnt[31], und Schäuble hatte sich vor der Bundestagswahl vom September 2013 stets dagegen gewehrt[32].

Der Abwicklungsfonds beruht auf einem völkerrechtlichen Vertrag, der von jedem Mitglied der Eurozone gekündigt werden kann. Das Verfahren der Sanierung oder Abwicklung wird dagegen auf EU-Recht (den Binnenmarktartikel 114 AEUV) gestützt. Wir werden im Kap. 4 sehen, warum dies unzulässig ist. Die Deutsche Bundesbank hat es vorsichtig so ausgedrückt: „Das jetzt gefundene Konstrukt […] ist mit rechtlichen Risiken verbunden"[33].

Der gemeinsame Fonds wird damit begründet, dass die Risiken der Banken in einem größeren Wirtschaftsraum besser verteilt („diversifiziert") werden können. Aber jede Versicherung hat den Nachteil, dass sie die Eigenverantwortlichkeit des Einzelnen schwächt und zu leichtsinnigem Verhalten (oder sogar zu vorsätzlichem Versicherungsbetrug) anreizt[34]. Außerdem ist jede Versicherung mit nicht zu vernachlässigenden Verwaltungskosten verbunden. Wie jedermann weiß, ist es deshalb keinesfalls sinnvoll, sich gegen alle Risiken zu versichern. Die Anreizprobleme sind desto gravierender, je größer die Zahl der Versicherten, das heißt je weniger jeder Einzelne die Folgen seines Fehlverhaltens zu spüren bekommt.

Außerdem entstehen Anreizprobleme, wenn die Risiken der Versicherten unterschiedlich sind und die Versicherungsbeiträge diesen Unterschieden nicht oder nicht voll Rechnung tragen. Je mehr Länder an dem Abwicklungsfonds beteiligt sind, desto größer sind die zu erwartenden Unterschiede in den Schadensrisiken. Denn die Probleme der Banken hängen zum Teil von der nationalen Wirtschaftspolitik ab. Zum Beispiel war die nationale Politik für die verfehlte Förderung des Immobiliensektors in Spanien, Portugal, Zypern und Irland verantwortlich. Die Banken in diesen Ländern – natürlich auch in Griechenland – gerieten in Schwierigkeiten, weil die Anleihen ihres Heimatstaats stark an Wert verloren. Die deutschen Banken werden den europäischen Abwicklungsfonds auch deshalb weniger in Anspruch nehmen als die Banken der

anderen teilnehmenden Staaten, weil sich die deutschen
Banken in der Regel weniger kurzfristig verschulden.

Bei der Berechnung der Beiträge zu dem Abwicklungsfonds wird der Standardbeitragssatz mit einem Risikofak-
tor multipliziert, der je nach Bank zwischen 0,8 und 1,5
schwanken kann. Die riskantesten Banken werden also
weniger als den doppelten Beitrag der sichersten Banken
zahlen müssen. Legt man die Schätzungen des Internationalen Währungsfonds zugrunde, so ist das durchschnittliche Ausfallrisiko in den exponiertesten Ländern
(Griechenland, Irland, Portugals, Spanien, Italien und
Zypern) knapp viermal so hoch wie in den stabilen Ländern der Eurozone[35]. In der Einlagenversicherung der
USA (FDIC) kann der Beitragssatz für riskante Banken
18-mal höher sein.

Die Beitragsätze werden von den Mitgliedern des europäischen Abwicklungsausschusses mit einfacher Mehrheit
festgelegt. Die Vertreter der Länder, in denen die Banken
am schwächsten sind, haben ein Interesse und die Möglichkeit, mit Mehrheit für ihre Banken zu niedrige Beitragsätze zu beschließen – und für die Banken der anderen
Länder zu hohe. Das ist die sogenannte „Strategie, die
Kosten der Konkurrenten zu erhöhen". Sie ist typisch für
Mehrheitsentscheidungen in Bundestaaten und internationalen Organisationen[36]. In der Europäischen Union
war sie bisher vor allem im Bereich der staatlichen Arbeits-
marktvorschriften zu beobachten[37].

In Deutschland ist der Sanierungs- und Abwicklungsbe-
darf traditionell gering. Das gilt vor allem für die risikoar-
men Sparkassen, Volksbanken und Raiffeisenbanken. Der
Anteil der notleidenden Kredite – insbesondere der nicht

aufgedeckten – dürfte in Deutschland unterdurchschnittlich sein. Es ist daher zu erwarten, dass der europäische Abwicklungsfonds die deutschen Kreditinstitute schwächt und dass diese ihre zusätzlichen Beitragskosten in Form höherer Kreditzinsen und niedrigerer Guthabenzinsen an die deutschen Sparer weiterreichen.

Der Abwicklungsfonds soll allmählich über acht Jahre (von 2016 bis 2023) aufgefüllt werden. Die EU-Kommission und die EZB fordern, dass der Abwicklungsfonds in der Übergangsphase Zugriff auf die Mittel des ESM haben soll – also auf den Fonds, der eigentlich geschaffen worden war, um die überschuldeten Staaten zu versorgen. Schäuble lehnt das ab, solange die Sanierungs- und Abwicklungsgesetzgebung noch nicht in allen Euroländern in nationales Recht umgesetzt worden ist – also bis nach der Bundestagswahl.

Die allmähliche Aufstockung des europäischen Abwicklungsfonds ermuntert die Regierungen der Krisenländer, die Restrukturierung ihrer Banken aufzuschieben, bis der Fonds sein endgültiges Volumen erreicht hat und die Kosten der Bankensanierung im größtmöglichen Umfang auf die anderen Eurostaaten abgewälzt werden können.

Die Haftung der Banken sollte nicht auf europäischer Ebene zentralisiert, sondern nach Möglichkeit dezentralisiert werden. Wenn eine Bank saniert oder abgewickelt werden muss, war ihre Geschäftspolitik falsch. Anreizverträglich ist daher letztlich nur die Haftung der Eigentümer. Deshalb müssen die Eigenkapitalvorschriften viel stärker verschärft werden, als bisher vorgesehen ist.

Legt man den Bankenbericht der EZB zugrunde[38], so beträgt der Anteil der notleidenden Kredite in Spanien,

Italien und Portugal 21 bis 22 %, in Irland über 35 %, in Griechenland 42 % und in Zypern bis zu 55 %. Diese Schätzungen sind aus den genannten Gründen wahrscheinlich zu niedrig. Aber notleidenden Kredite sind ja meist nicht ganz wertlos. Der Deutschen Bank genügte eine (ungewichtete) Eigenkapitalquote von 30 %, um die Weltwirtschaftskrise von 1929-1933 ohne Solvenzprobleme zu überstehen. Mehr als 30 % sind daher wohl nicht nötig. Aber weniger als drei Prozent – so wie jetzt – sind eindeutig zu wenig. Ich plädiere für 25 bis 30 %.

Gegen schärfere Eigenkapitalvorschriften wird vielfach eingewendet, dass dann die Banken nicht nur ihr Eigenkapital aufstocken, sondern auch ihre Kredite drosseln, um die Eigenkapitalquote – das Verhältnis des Eigenkapitals zu den Aktiva – anzuheben. Das könnte sich negativ auf die Investitionen und das Wirtschaftswachstum auswirken. Dieser Einwand ist jedoch gegenstandslos, wenn das höhere Eigenkapital zunächst – das heißt in der Krise – nicht als Quote, sondern als absoluter Betrag festgelegt wird. Die Banken können dann ihre Eigenkapitalverpflichtung nicht durch eine geringere Kreditvergabe senken. Im Gegenteil, sie können es dann riskieren, mehr Kredite zu vergeben.

Auf Drängen der spanischen, griechischen und italienischen Regierung hat die EU-Kommission schließlich im November 2015 einen Vorschlag für eine gemeinsame Einlagenversicherung der Eurozone vorgelegt[39]. Danach soll von 2020 bis 2024 in fünf Schritten für die Banken der Eurozone ein gemeinsamer Einlagensicherungsfonds aufgebaut werden. In den Jahren von 2017 bis 2020 sollen die nationalen Einlagenversicherungen lediglich verpflichtet sein, einander Kredite zu gewähren und auf diese Weise füreinander zu haften. Schäuble lehnte den Vorschlag nicht ab, hielt ihn aber für verfrüht:

> So spricht beispielsweise viel für eine gemeinsame Einlagensicherung in unserer Bankenunion. Aber alle Erfahrung spricht dagegen, mit der Vergemeinschaftung der Einlagensicherung zu beginnen, solange die zuvor zur Trennung von Banken- und Haushaltsrisiken vereinbarten – oder auch noch zu vereinbarenden – Schritte in vielen Mitgliedstaaten noch gar nicht gemacht sind[40].

Das heißt, Schäuble wollte die europäische Einlagensicherung bis nach der Bundestagswahl vertagen. Die Bundestagsabgeordneten von CDU/CSU und SPD hatten das Projekt dagegen am 04.11.2015 in einem gemeinsamen Entschließungsantrag strikt abgelehnt. Ihre Parteigenossen im Europäischen Parlament hat das nicht daran gehindert, im März 2016 dafür zu stimmen.

Die Einwände gegen die gemeinsame Einlagensicherung sind die gleichen wie gegen den europäischen Abwicklungsfonds: Anreizprobleme bei den Banken und Umverteilung zulasten der deutschen Sparer. Insofern ist es erstaunlich, dass der Deutsche Bundestag im November 2014 den Vertrag über den europäischen Abwicklungsfonds akzeptiert hat.

Haftungsrisiken aus dem Europäischen System der Zentralbanken

Zur Haftungsunion gehören nicht nur der Abwicklungsfonds, die geplante gemeinsame Einlagensicherung und der Euro-Fonds ESM, für dessen Eurobonds sich die Mitgliedstaaten verbürgt haben, sondern auch die EZB und die Forderungen zwischen den nationalen Zentralbanken.

Zunächst ist klar: Wenn die EZB Staatsanleihen Griechenlands oder anderer überschuldeter Mitgliedsländer kauft und diese Staaten ihre Schulden dann nicht bedienen, haben alle anderen Euro-Staaten einen Verlust. Wenn die Zinsen nicht bezahlt werden, sinkt der Zentralbankgewinn, den die EZB an die nationalen Zentralbanken und diese an das Finanzministerium ihres Landes ausschütten; und wenn die überschuldeten Staaten ihre Staatsanleihen nicht zum zugesagten Termin tilgen, erleidet die EZB einen Kapitalverlust, der alle Anteilseigner trifft. Anteilseigner sind die nationalen Zentralbanken, die ihrerseits den Mitgliedstaaten gehören. Wenn nun der Finanzminister eine geringere Gewinnausschüttung von seiner Zentralbank erhält oder einen Kapitalverlust erleidet, müssen die Staatsausgaben über höhere Steuern oder Schulden finanziert werden. Die höheren Schulden müssen in der Folgezeit bedient werden, was ebenfalls zu höheren Steuern führt. Deshalb setzt die EZB letztlich das Geld der Steuerzahler aufs Spiel, wenn sie die Anleihen überschuldeter Mitgliedstaaten aufkauft.

Die EZB betont stets, dass sie die Staatsanleihen bis zur Fälligkeit hält und daher nie durch Verkäufe unter Einstandspreis Verluste realisiert. Aber was, wenn der Schuldnerstaat – wie Griechenland 2015 – bei Fälligkeit zahlungsunfähig ist? Dann springt der Euro-Fonds ESM ein. Er lieh Griechenland 2015 das Geld, das es brauchte, um seine Schulden gegenüber der EZB zu bedienen. Aber damit wird nur die eine Haftung durch eine andere ersetzt. Die Steuerzahler bürgen für den ESM und werden daher zur Kasse gebeten, sobald Griechenland seinen Schuldendienst einstellt.

Weitere Haftungsrisiken entstehen durch die Transaktionen der nationalen Zentralbanken. Da ist zunächst die erwähnte Notfall-Liquiditätshilfe zu nennen. Zwar haftet die griechische Zentralbank zunächst selbst, wenn sie Notkredite an griechische Geschäftsbanken vergibt. Von den Zinszahlungen, die sie empfängt, muss sie den normalen Refinanzierungszins[41] an die EZB abführen. Aber wenn der Haftungsfall eintritt, weil die griechischen Banken ihre Kredite nicht an die griechische Zentralbank zurückzahlen und ihre Sicherheiten nicht ausreichen, so stellt sich die Frage, ob denn die griechische Zentralbank überhaupt die Mittel hat, um gegenüber der EZB haften zu können. Wenn nicht, dann haftet der griechische Staat für seine Zentralbank, aber auch der griechische Staat kann – wie wir gesehen haben – zahlungsunfähig werden. Dann erleidet die EZB Verluste, und den Schaden haben wieder die Steuerzahler der anderen Euro-Staaten.

Ein griechischer Staatsbankrott kann sogar leicht der Auslöser dafür sein, dass die griechische Zentralbank für ihre Notkredite haften muss, aber nicht haften kann. Denn die griechischen Banken halten in großem Umfang Anleihen des griechischen Staates. Wenn der griechische Staat nicht mehr zahlen kann, erleiden sie hohe Verluste. Sie haben Schwierigkeiten, ihre Notkredite zu bedienen, die griechische Zentralbank müsste einspringen, ist aber überfordert und kann vom zahlungsunfähigen griechischen Staat auch keine Hilfe mehr erhalten. Denkt man etwas weiter, so ist die Haftung der griechischen Zentralbank also für die Zentralbanken und Steuerzahler der anderen Euroländer ein geringer Trost. Bürgen können ausfallen, und im vorliegenden Fall ist die Wahrscheinlichkeit, dass es dazu kommt, sogar ziemlich hoch.

Ganz ähnlich liegen die Dinge bei den anderen ANFA-Krediten der nationalen Zentralbanken. Auch hier verleihen die nationalen Zentralbanken auf eigene Rechnung Zentralbankgeld – allerdings nicht an Banken gegen minderwertige Sicherheiten, sondern an den eigenen Staat ohne jegliche Sicherheiten. Wenn der griechische Staat zahlungsunfähig wird, erleidet die griechische Zentralbank einen Verlust, der nicht von ihm übernommen werden kann. Die griechische Zentralbank haftet aber gegenüber der EZB. Wenn sie ihren Verpflichtungen nicht nachkommen kann, müssen die Verluste von der EZB getragen werden. Eigentümer der EZB sind die nationalen Zentralbanken und diese gehören den Mitgliedsstaaten. Auch in diesem Fall haften letztlich die Steuerzahler der anderen Euro-Staaten.

Schließlich entstehen Haftungsrisiken dadurch, dass das Zentralbankgeld nicht unbedingt in dem Land verbleibt, in dem es in Umlauf gebracht worden ist. Dann entstehen Forderungen zwischen den nationalen Zentralbanken – die sogenannten TARGET-2-Salden.

Zum Beispiel haben die griechischen Banken in den normalen Refinanzierungsgeschäften der EZB von der griechischen Zentralbank sehr viel mehr Zentralbankgeld ausgeliehen, als dem Anteil Griechenlands an der Wirtschaft der Eurozone entspricht. Die griechischen Banken haben das Geld an griechische Kunden verliehen. Diese haben es auf Konten in Deutschland überwiesen, um damit deutsche Waren oder Vermögenswerte zu erwerben. Weil in Deutschland nun mehr Euros zur Verfügung stehen, leihen sich die deutschen Banken in den Refinanzierungsgeschäften der EZB entsprechend weniger Zentralbankgeld von der Deutschen Bundesbank aus. Während die griechische Zentralbank zusätzliches Zentralbankgeld von der EZB bezogen hat, braucht die Bundesbank also entsprechend weniger. Im Verrechnungssystem der EZB bedeutet das, dass die deutsche Zentralbank Nettoforderungen gegenüber der griechischen Zentralbank erworben hat. Es handelt sich um riesige Beträge. Ende April 2017 waren es 857 Mrd. EUR.

Wenn jetzt die griechische Zentralbank als Folge eines griechischen Staatskonkurses zahlungsunfähig wird, erleidet die Bundesbank einen herben Verlust, und der deutsche Steuerzahler hat das Nachsehen. Das Verlustrisiko aus den TARGET-Salden könnte auf ein Minimum reduziert werden, wenn sie – wie in den USA – in kurzen Abständen von den europäischen Zentralbanken beglichen werden müssten. Das will die Mehrheit des EZB-Rats aber nicht. Man ist an das „Gesetz" erinnert, das der amerikanische Ökonom Aaron Director aufgestellt hat: bei Mehrheitsentscheidungen bildet sich meist eine Mehrheit der Schwachen, die versucht, sich zulasten der anderen zu bereichern[42].

Die Haftungsrisiken, denen der deutsche Steuerzahler ausgesetzt ist, sind nur zu einem sehr geringen Teil notwendige Folge einer Währungsunion. Sie hätten vermieden werden können – schon 1991 bei den Verhandlungen in Maastricht, aber vor allem in der Staatsschuldenkrise seit 2010.

Belastet worden sind vor allem zukünftige Generationen, denn sie besitzen kein Stimmrecht und verfügen auch nicht über eine einflussreiche Organisation.

Quellenverzeichnis

1. Artikel 125 des Vertrages über die Arbeitsweise der Europäischen Union (AEUV).
2. Der neue Absatz 6 des Artikels 136 AEUV erlaubt Finanzhilfen, wenn diese unabdingbar sind, um die Stabilität des Euro-Währungsgebiets zu wahren, und wenn sie außerdem von strengen Auflagen begleitet werden.
3. Der Saldo war sogar leicht positiv, weil der Wert der Bankbeteiligungen 2009 und 2010 stark anstieg. Die größten Verluste erlitt der Staat in Irland, Deutschland und Großbritannien. Vgl. die Grafik in der Frankfurter Allgemeinen Zeitung vom 05.05.2011.
4. Die detaillierteste Darstellung ist: Paul Blustein, „Laid Low: The IMF, the Eurozone and the First Rescue of Greece", Centre for International Governance Innovation, Waterloo/Canada, CIGI Papers No. 61, April 2015.
5. Wirtschaftswoche, 26.08.2013, Nr. 35. (S. 24).
6. Meinungsumfrage der Organisation Greek Public Opinion (GPO) für den griechischen Fernsehkanal Mega TV, Bericht der Irish Times vom 26.04.2010.
7. Sehr deutlich wird diese Motivation auch in dem folgenden Zitat von Jean-Claude Juncker, der damals noch

Ministerpräsident von Luxemburg war: „Wenn wir akzeptieren würden, wenn Griechenland akzeptieren würde, wenn andere akzeptieren würden, dass Griechenland die solidarische und prosperierende Eurozone verlassen kann, würden wir das Risiko eingehen, dass manche – vor allem in der angelsächsischen Welt – alles daran setzen würden, den Euro Stück für Stück zu demontieren" (Vortrag an der Université Catholique de Louvain, Eurointelligence, 11.05.2015).

8. Nach den Angaben von IFOP (Paris) waren es im Januar 2011 61 % der Franzosen und 34 % der Deutschen sowie im Juni 2012 60 % der Franzosen.

9. New York Times, 18.11.2011.

10. Eurointelligence, 07.10.2014.

11. Handelsblatt Online, 10.03.2014.

12. Eurointelligence, 27.10.2014.

13. Internationaler Währungsfonds, Articles of Agreement, Artikel V, Absatz 3.b.ii.

14. Deutsche Bundesbank, Monatsberichte, März 2010. (S. 63).

15. Independent Evaluation Office of the International Monetary Fund, "The IMF and the Crises in Greece, Irland and Portugal: An Evaluation by the IEO", 08.07.2016.

16. Vgl. H.-W. Sinn, Gefangen im Euro, München 2014. (S. 59).

17. Stellungnahme der Deutschen Bundesbank zur Verfassungsbeschwerde gegen den EFSF, 29.06.2010. (S. 12).

18. Interview, Frankfurter Allgemeine Zeitung, 24.07.2010.

19. Regierungserklärung zum EU-Gipfel in Brüssel am 27.10.2010.

20. Financial Times, London, 20.12.2013.

21. Sachverständigenrat für die Begutachtung der gesamtwirtschaftlichen Lage, Jahresgutachten 2014/15, November 2014, Ziffer 310.

22. S. S. Andersen, K. A. Eliassen, „European Community Lobbying", European Journal of Political Research, 20, 1991. (S. 178).

23. Frankfurter Allgemeine Zeitung, 21.11.2014. Auch die International New York Times hat am 20.11.2014 darüber berichtet.

24. So Viral Acharya (New York University, Stern School of Business) und Sascha Steffen (damals European School of Management, Berlin), „Benchmarking the European Central Bank's Asset Quality Review and Stress Test – A Tale of Two Leverage Ratios", Centre for Economic Policy Research, voxeu.org/article, 21.11.2014.

25. Weitere Ökonomen, die die Annahmen der EZB als viel zu optimistisch bezeichnet haben, nennt Ambrose Evans-Pritchard, „ECB stress tests vastly understate risk of deflation and leverage", Daily Telegraph, 27.10.2014.

26. Gutachten „Zur Stabilität des europäischen Finanzsystems", September 2012. Ich gehöre zu den Mitgliedern dieses Beirats.

27. Jahresgutachten 2012/13, Nov. 2012.

28. Welt am Sonntag, 09.02.2011.

29. Report of the High-Level-Group of Experts chaired by Jacques de Larosière, 2009, Ziffer 171. Deutsches Mitglied war Otmar Issing.

30. Die offizielle Bezeichnung ist „Einheitlicher Abwicklungsfonds" (englisch: „Single Resolution Fund"). Vgl. Verordnung EU Nr. 806/2014 vom 15.07.2014.

31. „Gegen eine Bankenunion: Aufruf", faz.online, 05.07.2012.

32. R. Vaubel, „Also doch: ein zentraler Abwicklungsfonds für die Banken der Eurozone", wirtschaftlichefreiheit.de, 19.12.2016.

33. Deutsche Bundesbank, Monatsbericht, Juni 2014. (S. 31).

34. In der Fachliteratur wird dies als „moralisches Risiko" oder „moralische Versuchung" bezeichnet. Vgl. im Einzelnen R. Vaubel, Sozialpolitik für mündige Bürger, Baden-Baden 1990.

35. H.-W. Sinn, „Katastrophalen Unsinn sollte man nicht wiederholen!", in: Wirtschaftswoche, 04.12.2015. (S. 39).

36. In der Fachliteratur wird dieses Verhaltensmuster als „Strategy of Raising Rivals' Costs" bezeichnet. Die historischen Erfahrungen behandelt der folgende Band: P. Bernholz, R. Vaubel (Hg.), Political Competition and Economic Regulation, London 2007.

37. Vgl. R. Vaubel, „The Political Economy of Labour Market Regulation by the European Union", Review of International Organizations 3, 2008. (S. 435–465).

38. Gemeint ist der „Comprehensive Asset Quality Review" der EZB von 2015.

39. Vorschlag für ein Europäisches Einlagensicherungssystem, 24.11.2015, COM (2015) 586.

40. W. Schäuble, „Europa zwischen Wunsch und Wirklichkeit", Frankfurter Allgemeine Zeitung, 25.01.2016. (S. 6).

41. Normal ist der Zins, den die Banken zahlen müssen, welche die üblichen Sicherheiten bieten können. Zur Notfall-Liquiditätshilfe kommt es nur, wenn die üblichen Sicherheiten erschöpft sind. Der Zins für Notkredite liegt meist um etwa ein Prozent über dem Zins, der für normale Refinanzierungsgeschäfte gefordert wird. Die Differenz zwischen den beiden Zinsen ist eine (Haftungs-) Risikoprämie.

42. Der Ökonomie-Nobelpreisträger George Stigler hat darüber einen berühmten Aufsatz geschrieben: „Director's Law of Public Income Redistribution", Journal of Law and Economics 13, 1970. (S. 1–10).

4

Das Recht ist unter die Räder gekommen

Martin Seidel, Jura-Professor und deutsches Delegations-
mitglied bei den Maastricht-Verhandlungen, schreibt:

Die Europäische Union ist als Folge der Staatsschuldenkrise, in der sich seit mehreren Jahren die Währungszone
mit unbestimmtem Ausgang befindet, auch in eine Krise
als Rechtsgemeinschaft geraten. Verantwortlich sind
Regel- und Rechtsverstöße der Organe der Europäischen
Union, einschließlich der Europäischen Zentralbank, sowie
Rechts- und Regelverstöße der Mitgliedstaaten. Die Regel-,
Rechts- und Vertragsverstöße haben in der Geschichte der
Integration Europas kein Vorbild und haben infolge eines
einmaligen Zusammenwirkens der Europäischen Union
und der Mitgliedstaaten eine bisher nicht vorstellbare
Lücke an Rechtsschutz auf der europäischen Ebene entste-
hen lassen[1].

© Springer Fachmedien Wiesbaden 2018
R. Vaubel, *Das Ende der Euromantik*,
https://doi.org/10.1007/978-3-658-18563-3_4

Der ehemalige Verfassungsrichter und Göttinger Rechtspro-
fessor Hans Hugo Klein drückt es so aus: der „großzü-
gige Umgang mit dem geltenden Recht hat den Anspruch
der Union, eine ‚Rechtsgemeinschaft' zu sein, nachhaltig
beschädigt"[2].

Die beiden Zitate verdeutlichen – stellvertretend für
den Protest zahlreicher bekannter Rechtswissenschaftler,
wie sehr die Missachtung des Rechts in Brüssel hoffähig
geworden ist. In diesem Kapitel sollen die verschiedenen
Rechtsbrüche kurz und allgemein verständlich dargestellt
werden, ohne dabei in die Sprache des Juristen zu verfal-
len. Wer sich für Fragen der Rechtmäßigkeit nicht interessiert, kann dieses Kapitel problemlos überspringen. Für
das Verständnis der folgenden Kapitel ist es nicht notwendig.

1. Der bekannteste Rechtsbruch ist zweifellos der Verstoß gegen das Haftungsverbot. In Artikel 125 AEUV
   heißt es wörtlich:

> Ein Mitgliedstaat haftet nicht für die Verbindlichkeiten der
> Zentralregierung … eines anderen Mitgliedstaates und tritt
> nicht für derartige Verbindlichkeiten ein.

In einem weiteren Satz wird festgestellt, dass dieses Verbot auch für die Europäische Union als ganze gilt. Die
Staatsschulden zum Beispiel Griechenlands sind Verbindlichkeiten einer Zentralregierung. Für diese Verbindlichkeiten einzutreten heißt im einfachsten Fall, sich für
sie zu verbürgen oder sie aufzukaufen und zu tilgen. Das
haben die Regierungschefs der Eurozone nicht gewagt.

Stattdessen haben sie Griechenland zunächst im März 2010 selbst Kredite gegeben und sich dann im Juni 2010 für die subventionierten Kredite verbürgt, die der von ihnen gegründete Euro-Fonds an den griechischen Staat vergibt. Da Griechenland diese Kredite ganz überwiegend dazu verwandte, Zins- und Tilgungszahlungen auf seine Staatsschulden zu leisten, ist die Wirkung dieser Kredite die gleiche, wie wenn die anderen Mitgliedstaten die griechischen Staatsanleihen selbst gekauft, verzinst und getilgt hätten. Es wurde lediglich eine vermittelnde Institution – der Euro-Fonds – dazwischen geschaltet, um den Rechtsbruch zu verschleiern. Die Politiker der Eurozone versuchen also, das Haftungsverbot mit einem billigen Trick zu unterlaufen. Die Europäische Kommission als „Hüterin der Verträge" widersprach nicht, sondern beteiligt sich daran. Der Gerichtshof der EU, der vom irischen Verfassungsgericht eingeschaltet wurde, spielt ebenfalls mit[3]. Das deutsche Bundesverfassungsgericht, das von mehreren Klägergruppen angerufen wurde, konnte keinen Verstoß gegen das Grundgesetz feststellen[4]. „Ganz überwiegend werden die Unterstützungsleistungen jedoch als europarechtswidrig beurteilt", resümiert Horst Siekmann, Professor für Währungsrecht an der Universität Frankfurt, die rechtswissenschaftliche Literatur[5].

Einige der beteiligten Politiker geben offen zu, dass der Euro-Fonds mit dem Haftungsverbot unvereinbar war – darunter in Paris die Minister(in) Lagarde, Lellouche, Wauquiez, in Brüssel der belgische EU-Kommissar Karel de Gucht und in Athen der frühere griechische Ministerpräsident Simitis[6], [7], [8], [9] und [10]. Helmut Schlesinger,

Präsident der Bundesbank in den neunziger Jahren, gab zu Protokoll: „Ich habe mir damals nicht vorstellen können, dass der Vertrag nicht eingehalten würde und dass die Versprechen zu den Staatsfinanzen und der Ausschluss der Haftung für die Schulden anderer Staaten keine Rolle spielen würden"[11].

2. Ein „Rettungsfonds" für Griechenland wurde nicht nur von den anderen Euro-Staaten errichtet (EFSF), sondern auch von der EU (EFSM)[12]. Als Rechtsgrundlage für den EU-Fonds wurde Artikel 122 Absatz 2 (AEUV) angegeben:

Ist ein Mitgliedstaat aufgrund von Naturkatastrophen oder außergewöhnlichen Ereignissen, die sich seiner Kontrolle entziehen, von Schwierigkeiten betroffen oder von gravierenden Schwierigkeiten ernstlich bedroht, so kann der Rat auf Vorschlag der Kommission beschließen, dem betreffenden Mitgliedstaat unter bestimmten Bedingungen einen finanziellen Beistand der Union zu gewähren.

War Griechenland aufgrund außergewöhnlicher Ereignisse, die sich seiner Kontrolle entzogen, in Schwierigkeiten geraten? Ein solches außergewöhnliches Ereignis könnte die internationale Finanzmarktkrise des Jahres 2008 gewesen sein. Aber daran lag es nicht. Die griechischen Banken waren – wie bereits erwähnt[13] – von der Finanzmarktkrise so wenig betroffen, dass sie dem griechischen Staat bis zum Frühjahr 2010 nicht zur Last gefallen waren. Der griechische Staatshaushalt hatte die zulässige Defizitgrenze von 3 % in jedem Jahr seit dem

Euro-Beitritt (2001) überschritten – also schon lange vor der Finanzmarktkrise. Die Voraussetzungen des Artikels 122 waren also nicht erfüllt[14], [15].

Rechtlich problematisch war auch, dass die EU zur Finanzierung ihres Griechenland-Kredits eine Anleihe am Kapitalmarkt aufnahm. Dafür gibt es nämlich – wie zum Beispiel Seidel und Siekmann betont haben – weder in Artikel 122 noch sonst wo in den Verträgen eine Ermächtigung[1], [5].

3. Dass alle Beteiligten ein schlechtes Gewissen hatten, kann man daran sehen, dass im März 2011 geräuschlos eine Vertragsänderung beschlossen wurde, um das Haftungsverbot aufzuweichen. Die „Öffnungsklausel", die nun als Ziffer 3 dem Artikel 136 AEUV hinzugefügt wurde, lautet folgendermaßen:

Die Mitgliedstaaten, deren Währung der Euro ist, können einen Stabilitätsmechanismus einrichten, der aktiviert wird, wenn dies unabdingbar ist, um die Stabilität des Euro-Währungsgebiets insgesamt zu wahren. Die Gewährung aller erforderlichen Finanzhilfen wird strengen Auflagen unterliegen.

Um möglichst wenig Aufsehen zu erregen, wurde der „Vertrag über die Arbeitsweise der Europäische Union" (AEUV) nicht nach dem ordentlichen Änderungsverfahren, sondern nach dem vereinfachten Änderungsverfahren angepasst (Artikel 48 EUV). Sonst hätten nämlich ein „Konvent" und eine Regierungskonferenz einberufen werden müssen. Die Sache hatte aber einen Haken: eine

Änderung nach dem vereinfachten Verfahren „darf nicht zu einer Ausdehnung der der Union im Rahmen der Verträge übertragenen Zuständigkeiten führen" (Artikel 48, Absatz 6, letzter Satz). Eine Öffnungsklausel, die die Eurozone unter bestimmten Bedingungen vom Haftungsverbot befreit, dehnt aber selbstredend den Zuständigkeitsbereich der EU-Währungsunion aus. Die FDP-Bundestagsabgeordneten Frank Schäffler und Burkhard Hirsch – ersterer ist Ökonom, letzterer Anwalt – protestierten deshalb in einer gemeinsamen Erklärung: „Wir halten das Verfahren für verfassungswidrig, in dem Artikel 136 AEUV geändert wurde, um den Weg für Haftungsübernahmen frei zu machen"[16].

4. Im Jahr 2013 erhielt Zypern einen ESM-Kredit, obwohl es für die „Finanzstabilität des Euro-Währungsgebiets" (Artikel 136 AEUV) keineswegs systemrelevant war.

Frank Schäffler wies darauf hin[17]. Auch der FDP-Fraktionsvorsitzende Rainer Brüderle hielt die Folgen eines zyprischen Staatsbankrotts „für durchaus beherrschbar". Und als das zyprische Parlament die erste Version des ESM-Programms wegen der wirtschaftspolitischen Auflagen ablehnte, erklärte selbst Schäuble, die Eurozone gerate dadurch nicht in Gefahr[18]. Dagegen erklärte Benoit Coeuré, das zuständige Mitglied des EZB-Direktoriums, er wolle nicht ausschließen, dass Zypern systemrelevant sei[19]. Dazu passt jedoch nicht, dass die EZB vor der Abstimmung des zyprischen Parlaments damit drohte, bei einer Ablehnung der Auflagen keine Notkredite mehr an die zyprischen Banken zu vergeben. Denn das hätte den Zusammenbruch des zyprischen Bankensystems bedeutet. Die angedrohte Verweigerung der Notkredite wäre unverantwortlich gewesen, wenn Zypern tatsächlich systemrelevant wäre. Obwohl also die Finanzstabilität der Eurozone gar nicht gefährdet war und damit die Öffnungsklausel des Artikels 136 AEUV nicht zutraf, erhielt Zypern am Ende seinen ESM-Kredit.

Auch das dritte Griechenland-Paket vom August 2015 erfüllte mit Sicherheit nicht die Bedingung des neuen Artikels 136, denn zu diesem Zeitpunkt befanden sich nur noch weniger als 15 % der griechischen Staatsschuld in privater Hand.

5. Artikel 13 ESM-Vertrag enthält eine weitere Voraussetzung für die Kreditvergabe: die Staatsverschuldung des Kreditnehmers muss „tragfähig" sein. Das heißt, dass der Kreditnehmer voraussichtlich in der Lage sein wird, seine Schulden vollständig zu bedienen. Die Tragfähigkeitsanalyse soll nach Artikel 13, „wann immer dies angemessen und möglich ist, zusammen mit dem IWF durchgeführt" werden. Das dritte Griechenland-Paket wurde aber vom ESM – das heißt von den Finanzministern der Eurozone – beschlossen, obwohl Griechenland kurz vorher eine mehrfach aufgeschobene Kreditrate an den IWF nicht zurückgezahlt hatte und obwohl der IWF die Staatsverschuldung Griechenlands ausdrücklich als nicht tragfähig bezeichnet hatte[20]. Es wäre „angemessen und möglich" gewesen, sich daran zu orientieren.

6. Der ESM bedient sich auch sonst höchst fragwürdiger Methoden. Wie Bloomberg im Einzelnen berichtete, finanzierte der Verwaltungsrat des ESM vom Juli bis zum August 2015 einen Kredit an Griechenland, obwohl das dritte Griechenland-Paket von den Finanzministern noch gar nicht abschließend genehmigt worden war[21]. Denn da der Bundestag noch nicht zugestimmt hatte, konnte auch Schäuble im Gouverneursrat nicht abschließend zustimmen. Ohne Zustimmung aller Gouverneure darf der ESM aber keine Kredite vergeben. Was tat der Verwaltungsrat des ESM? Er verkaufte zunächst – unter Umgehung des offenen Kapitalmarktes – neue eigene Schuldverschreibungen an einen nicht genannten privaten Käufer und investierte dann den Erlös (ohne einen Kredit zu vergeben!) in Anleihen des EU-Fonds EFSM. Dieser leitete das Geld schließlich als Kredit an Griechenland weiter. Die Vertragsbedingung, dass ESM-Kredite einstimmig vom Gouverneursrat genehmigt werden müssen, wurde auf diese Weise unterlaufen. Die Transaktion wurde geheim gehalten. Bloombergs Informanten wollten anonym bleiben. Wenn dieser Rechtsbruch Schule macht, kann der Verwaltungsrat des ESM ohne Kontrolle durch Gouverneursrat und Bundestag in beliebigem Umfang überschuldete Euro-Staaten finanzieren.

7. Der ESM darf seine Kredite nur „unter strengen Auflagen" vergeben. Die Erfüllung der Auflagen wird im Auftrag des ESM von der bereits erwähnten „Troika" überwacht, der je ein Vertreter der Europäischen Kommission, der EZB und des IWF angehören.

Festgelegt werden die Auflagen jedoch in der Rechts-
form einer „Entscheidung des Rates" der EU – also
von den Finanzministern. Die betreffenden Entscheidungen[22] enthielten im Fall Griechenland zum
Beispiel Auflagen zur Indexierung der Renten, der
Entlohnung von Überstunden und der Flexibilisierung
der Arbeitszeit. Irland wurde vom Rat auferlegt, seine
Sozialausgaben und Beamtenpensionen zu kürzen und
den Mindestlohn sowie die Arbeitslosenversicherung
zu reformieren. Die Ratsentscheidung zu Portugal sah
vor, dass die staatlichen Ausgaben für das Bildungs-
und Gesundheitswesen gesenkt werden mussten. Die
EU ist aber gar nicht befugt, auf diesen Gebieten tätig
zu werden. Es handelt sich um Kompetenzüberschrei-
tungen, die in der juristischen Literatur entsprechend
gerügt worden sind[23].

8. Der ESM hat seinen Milliardenkredit für die Rekapitalisierung der spanischen Sparkassen, über den bereits
im dritten Kapitel berichtet wurde, ohne strenge wirtschaftspolitische Auflagen vergeben (vgl. Kap. 3). Auch
das war unvereinbar mit dem neuen Artikel 136 AEUV.

9. Im Dezember 2011 traten fünf EU-Verordnungen
und eine EU-Richtlinie zur haushaltspolitischen und
gesamtwirtschaftlichen Überwachung der Mitgliedstaaten in Kraft, die gemeinhin als „Sixpack" bezeichnet werden. Zwei der Verordnungen ermächtigen die
EU, bei Zuwiderhandlung weitreichende Sanktionen
bis hin zu Geldstrafen zu verhängen[24]. Als Rechtsgrundlage wurde Artikel 136 Absatz 1 AEUV angegeben. Danach darf der Rat der EU gegenüber den
Mitgliedstaaten Maßnahmen ergreifen, „um (a) die

Koordinierung und Überwachung ihrer Haushaltsdis-
ziplin zu verstärken, b) für diese Staaten Grundzüge
der Wirtschaftspolitik auszuarbeiten [...] und ihre
Einhaltung zu überwachen". Was die Art der Maßnahmen angeht, verweist dieser Artikel auf einen anderen
Artikel (121 AEUV). Danach darf die Kommission
„Verwarnungen" aussprechen und der Rat „Empfeh-
lungen" beschließen und veröffentlichen. Aber Sanktionen – zum Beispiel Geldstrafen – gehören nicht
zu den zulässigen Maßnahmen. In der rechtswissenschaftlichen Literatur wird daher fast ausnahmslos die
Meinung vertreten, dass es für die beiden genannten
Verordnungen keine rechtliche Grundlage gibt[25], [26].

Die Zentralbank als Rechtsbrecher

10. Wenden wir uns nun der Europäischen Zentralbank
zu. Zunächst die Frage: darf die EZB im Markt Staatsanleihen der überschuldeten Euro-Staaten kaufen?
Artikel 123 AEUV und Artikel 21 der EZB-Satzung
sagen dazu Folgendes:

Überziehungs- und Kreditfazilitäten bei der Europäischen
Zentralbank [...] für Zentralregierungen [...] der Mit-
gliedstaaten sind ebenso verboten wie der unmittelbare
Erwerb von Schuldtiteln von diesen durch die Europäische
Zentralbank oder die nationalen Zentralbanken.

Die EZB interpretiert diesen Artikel dahin gehend, dass
sie die Staatsanleihen zwar nicht unmittelbar von den Mitgliedstaaten, wohl aber im Markt kaufen darf, nachdem
die Anleihen platziert worden sind. Danach hätte Artikel

123 nur den Zweck zu gewährleisten, dass die Anleihen, die die EZB kauft, marktgängig sind – oder präziser – von mindestens einem Marktteilnehmer gekauft worden sind. Gegen diese Interpretation sprechen zwei Gründe.

Zum einen hat der Marktteilnehmer die Anleihe möglicherweise nur deshalb gekauft, weil er davon ausgehen kann, dass die EZB sie ihm abkaufen wird. Die EZB kann also schon allein durch die Ankündigung ihrer Kaufabsicht erreichen, dass sie die Anleihe nicht unmittelbar von dem Schuldnerstaat zu kaufen braucht, sondern im Markt erwerben kann. Sie könnte auf diese Weise das Verbot des unmittelbaren Erwerbs beliebig unterlaufen. Das kann nicht gemeint sein.

Zum anderen verbietet Artikel 123 der EZB nicht nur den unmittelbaren Erwerb von Staatsanleihen, sondern ohne Wenn und Aber die Kreditvergabe an Mitgliedstaaten. Artikel 123 hat daher das Ziel, eine monetäre Staatsfinanzierung zu verhindern, und das muss auch für Anleihekäufe der Zentralbank im Markt gelten, wenn sie den Zweck haben, den Staatshaushalt eines Mitgliedstaates zu finanzieren.

Die monetäre Staatsfinanzierung ist verboten, weil sie die parlamentarische Kontrolle der Staatsausgaben außer Kraft setzt und weil sie die Regierungen veranlasst, auf eine zu expansive Geldpolitik zu drängen. In der Geschichte sind fast alle Hyperinflationen – auch die Weimarer Hyperinflation von 1922/1923 – auf diese Weise entstanden[27].

Die Gefahr, dass das Verbot der monetären Staatsfinanzierung durch Anleihekäufe im Markt unterlaufen werden könnte, haben die Finanzminister der Mitgliedstaaten schon 1993 vorausgesehen. Damals beschloss der Rat eine Verordnung, in deren Präambel es heißt:

> Die Mitgliedstaaten müssen geeignete Maßnahmen ergreifen, damit die nach Artikel 104 [heute: 123] des Vertrages vorgesehenen Verbote wirksam und uneingeschränkt angewendet werden und damit insbesondere das mit diesem Artikel verfolgte Ziel nicht durch den Erwerb auf dem Sekundärmarkt umgangen wird[28].

Daraus ist geschlossen worden, dass die EZB überhaupt keine Staatsanleihen kaufen darf[29]. Dann wäre aber nicht zu verstehen, weshalb Artikel 123 nur den „unmittelbaren Erwerb" verbietet. Der Erwerb im Markt kann daher nicht generell verboten sein. Unter welchen Umständen ist er aber erlaubt? Nicht verboten sind Anleihekäufe im Markt, die nicht eine monetäre Staatsfinanzierung bezwecken, sondern geldpolitischen Zielen dienen. Aber worin besteht der Unterschied?

Anleihekäufe können als Mittel der Geldpolitik sinnvoll sein, wenn die Banken trotz niedriger Zinsen in den normalen Refinanzierungsgeschäften weniger Zentralbankgeld nachfragen, als die Zentralbank zur Erreichung der Preisstabilität in Umlauf setzen will. Das ist das sogenannte „Quantitative Easing". Aber dann gibt es keinen Grund, nur Staatsanleihen oder gar nur die Staatsanleihen überschuldeter Mitgliedstaaten zu kaufen, wie das in den Jahren 2010−2012 ausnahmslos geschah. Durch die Bevorzugung der überschuldeten Mitgliedstaaten hat die EZB deren Schuldzinsen künstlich gesenkt und so die Verwendung der Ersparnisse verzerrt. Außerdem hat sie auf diese Weise die Bereitschaft der Schuldnerstaaten geschwächt, die dringend erforderlichen Reformen anzugehen.

Im September veröffentlichten 150 deutsche Professoren der Volkswirtschaftslehre eine Erklärung („Die Anleihekäufe der EZB sind rechtswidrig und ökonomisch verfehlt"), in der es heißt:

> Anleihekäufe am Sekundärmarkt sind nur zulässig, wenn sie nicht der monetären Staatsfinanzierung, sondern geldpolitischen Zielen dienen. Wenn die Anleihekäufe der EZB geldpolitisch motiviert wären, würde die EZB ein repräsentatives Portefeuille aller Staatsanleihen der Mitgliedstaaten oder privater Anleihen kaufen. Das tut sie aber nicht. Sie kauft nur Anleihen überschuldeter Mitgliedstaaten. Das ist monetäre Staatsfinanzierung. Die monetäre Staatsfinanzierung ist zu Recht verboten, weil sie die Unabhängigkeit der Zentralbank gefährdet. Die Zentralbank soll das Preisniveau stabil halten. Es ist nicht ihre Aufgabe, die Risikoprämien zu verringern, die die Mitgliedstaaten auf ihre Anleihen am Markt zahlen müssen[30].

Die EZB hat die Bevorzugung der überschuldeten Staaten mit dem Argument verteidigt, dass sie auch dafür zuständig sei, den Zusammenhalt der Währungsunion zu stärken. Denn nach Artikel 127 AEUV soll sie nicht nur vorrangig für Preisstabilität sorgen, sondern auch die „allgemeine Wirtschaftspolitik der Union" unterstützen, „soweit dies ohne Beeinträchtigung des Zieles der Preisstabilität möglich ist". Artikel 127 verweist dabei auf die Ziele des Artikels 3 EUV, zu dem auch die

Währungsunion gehört. Aber das entbindet die EZB natürlich nicht von der Verpflichtung, das Verbot der monetären Staatsfinanzierung einzuhalten.

Seit dem Januar 2015 kauft die EZB nicht mehr nur Staatsanleihen der überschuldeten Mitgliedsländer, sondern auch Anleihen anderer Staaten und sogar festverzinsliche Wertpapiere privater Emittenten. Aber die Beträge, die auf die verschiedenen Wertpapierarten und Emittenten entfallen, werden nur zum Teil bekannt gegeben. Es ist daher nicht feststellbar, ob die EZB ein repräsentatives Marktportefeuille erwirbt. Das muss geändert werden. Gegen politischen Missbrauch hilft nur Transparenz.

Als die EZB im September 2012 ihre Bereitschaft erklärte, *unbegrenzt* Anleihen überschuldeter Mitgliedstaaten zu kaufen (sogenannter OMT-Beschluss), brach ein Sturm der Entrüstung aus, und mehrere Klägergruppen reichten Verfassungsbeschwerde beim Bundesverfassungsgericht ein[31]. Der Zweite Senat entschied im Februar 2014, den Fall dem Gerichtshof der EU vorzulegen, fügte jedoch hinzu: „Der OMT-Beschluss dürfte nicht vom Mandat der Europäischen Zentralbank gedeckt sein [...] Der Senat [...] hält es aber für möglich, durch eine einschränkende Auslegung des OMT-Beschlusses im Lichte der Verträge zu einer Konformität mit dem Primärrecht zu gelangen"[32]. Als notwendige Einschränkungen nannten die deutschen Richter, dass „die Inkaufnahme eines Schuldenschnitts ausgeschlossen werden müsste, Staatsanleihen einzelner Mitgliedstaaten nicht in unbegrenzter Höhe angekauft werden und Eingriffe in die Preisbildung am Markt so weit wie möglich vermieden werden."

Der Gerichtshof der EU hat das Anleiheprogramm der EZB im Juni 2015 ohne Wenn und Aber für vertragskonform erklärt und sich keine dieser Einschränkungen zu eigen gemacht[33]. Er erkennt an, dass die Anleihekäufe im Markt nicht die gleichen Wirkungen haben dürfen wie unmittelbare Anleihekäufe vom emittierenden Staat (Randziffer 97). Das sei aber auch nicht der Fall, denn die Marktteilnehmer hätten keine Gewissheit, dass die EZB „diese Anleihen binnen eines Zeitraums [...] ankaufen würde" (Randziffer 104).

Außerdem habe „die EZB vor dem Gerichtshof klargestellt, dass das ESZB [...] beabsichtigt, eine Mindestfrist zwischen der Ausgabe eines Schuldtitels auf dem Primärmarkt und seinem Ankauf auf den Sekundärmärkten einzuhalten" (Randziffer 106). Dass eine nicht näher definierte Mindestfrist eingehalten würde, folgt natürlich schon aus der Definition des Sekundärmarktkaufs. (Zur Erläuterung: die Abkürzung ESZB steht für das „Europäische System der Zentralbanken" bestehend aus der EZB und den nationalen Zentralbanken der Eurozone.)

Der Gerichtshof meint, dass die Bereitschaft der EZB zu unbegrenzten Anleihekäufen „nicht bewirkt, dass den betreffenden Mitgliedstaaten der Anreiz genommen würde, eine gesunde Haushaltspolitik zu führen" (Randziffer 121), weil das Programm auf bestimmte Anleihen beschränkt sei und die EZB die Anleihen auch wieder verkaufen könne.

Für die Frage, ob monetäre Staatsfinanzierung vorliegt, ist es jedoch völlig unerheblich,

- ob die Marktteilnehmer Gewissheit haben, dass ihnen die EZB die Staatsanleihen abkauft,
- wie lange die Marktteilnehmer die Staatsanleihen besessen haben,
- ob die Käufe der EZB auf bestimmte Anleihetypen beschränkt sind und
- ob die EZB die Anleihen wieder verkauft oder verkaufen könnte.

Die Richter argumentieren, dass die selektiven Anleihekäufe der EZB nicht nur erlaubt, sondern sogar geboten waren. Nach ihrer Meinung „kann durch eine Eliminierung oder Verringerung überhöhter Risikozuschläge, die für die Staatsanleihen eines Mitgliedstaats verlangt werden, vermieden werden, dass deren Volatilität und Höhe ein Hindernis für die Übertragung der Wirkungen der geldpolitischen Entscheidungen des ESZB auf die Wirtschaft dieses Staates bilden und die Einheitlichkeit der Geldpolitik in Frage stellen" (Randziffer 78). Diese Argumentation, welche der Gerichtshof ebenfalls von der EZB übernommen hat, ist falsch. Die Verträge sehen zwar als „Tätigkeit" der Union eine „einheitliche Geldpolitik" vor (Artikel 119 AEUV), nicht aber einheitliche Wirkungen dieser Geldpolitik in den verschiedenen Mitgliedstaaten. Käufe von Anleihen bevorzugter Staaten sind mit einer einheitlichen Geldpolitik (Tätigkeit) gerade nicht vereinbar. Unterschiede in den Übertragungsmechanismen müssen nicht ausgeglichen, sondern nur berücksichtigt werden, damit das Preisniveau insgesamt stabil bleibt. Das Bundesverfassungsgericht hat sich im Juni 2016 in einer neuen Zusammensetzung – zwei Mitglieder des Zweiten Senats wurden ersetzt – der Entscheidung des Gerichtshofs gebeugt[34]. Zwar sieht es nach wie vor „gewichtige Einwände" (Randziffer 181). Aber das OMT-Programm „bewegt sich" nach Ansicht der Verfassungsrichter „nicht offensichtlich außerhalb der der Europäischen Zentralbank zugewiesenen Kompetenzen" (Randziffer 190, 193). Das Urteil des Gerichtshofs sei „im Ergebnis zumindest vertretbar" (Randziffer 177). Für die Zukunft verbieten die Verfassungsrichter jedoch der Bundesbank, an dem OMT-Programm teilzunehmen, wenn es vorher angekündigt wurde oder unbegrenzt ist, wenn die Staatsanleihen bis zur Fälligkeit gehalten werden oder wenn der Schuldnerstaat den Zugang zum Kapitalmarkt verloren hat (Leitsatz 4). Wahrscheinlich hielten die Richter Zeitpunkt und Thema nicht für geeignet, einen Verfassungskonflikt zu riskieren, denn Schäuble und Merkel hatten die Anleihekäufe der EZB gebilligt (Kap. 2), und die Regierungsparteien verfügten im Parlament über eine verfassungsändernde Mehrheit.

Artikel 123 ist damit als Bollwerk gegen die monetäre Staatsfinanzierung ein für alle Mal gefallen. Die Enttäuschung insbesondere in Deutschland ist groß. Helmut Schlesinger, der zur Zeit der Maastricht-Verhandlungen Präsident der Bundesbank war, äußerte dazu:

Man hat der Europäischen Zentralbank ein Statut gegeben, in dem steht so dick wie möglich: es ist nicht erlaubt, öffentlichen Stellen Kredit zu gewähren. Trotzdem wurden ohne weiteres 280 Mrd. Euro Staatspapiere gekauft mit dem Hinweis, dies sei nötig, um den geldpolitischen

Funktionsmechanismus aufrecht zu erhalten. Damit hätte ich nicht gerechnet[35].

11. Die EZB finanziert die Staatshaushalte ausgewählter Mitgliedstaaten nicht nur über direkte Kredite und Anleihekäufe, sondern auch indirekt über ihre Kreditvergabe an die Banken dieser Länder. Denn die Banken verwenden das Zentralbankgeld, das sie von der EZB und den nationalen Zentralbanken erhalten, weitgehend dazu, Anleihen ihres Staates zu erwerben. Staatsanleihen werden nach nationalem Recht als „risikolos" eingestuft und müssen daher nicht mit Eigenkapital hinterlegt werden. Auch die Notfall-Liquiditätshilfe (englisch: Emergency Liquidity Assistance oder kurz ELA), die die nationalen Zentralbanken vergeben, wird für die Staatsfinanzierung verwendet. Jens Weidmann, Präsident der Bundesbank, hat das zu Recht kritisiert:

Wenn Banken ohne Marktzugang Schuldtitel ihres Staates kaufen, der ebenfalls vom Markt abgeschnitten ist, und wenn sie dabei auf ELA zurückgreifen, dann wirft das ernste Bedenken hinsichtlich einer monetären Staatsfinanzierung auf[36].

12. Nach dem von der EZB veröffentlichten „Verfahren für die Gewährung von Notfall-Liquiditätshilfe" darf die nationale Zentralbank einen Notfallkredit nur „an ein solventes Finanzinstitut oder eine Gruppe solventer Finanzinstitute mit vorübergehenden

Liquiditätsproblemen" vergeben. Dagegen hat die EZB in den Fällen Zypern, Griechenland und Irland verstoßen.

In Zypern erwies sich eine Bank – die Laiki-Bank, immerhin die zweitgrößte Bank des Landes – schon ein Jahr nach Vergabe der Notfallkredite als insolvent. Schon vorher hatten EZB und Troika Zweifel an der Zahlungsfähigkeit der Bank geäußert[37]. Die zyprische Zentralbank steht daher im Verdacht, den Konkurs wissentlich verschleppt zu haben. Dadurch konnten viele Einleger ihr Geld rechtzeitig auf Kosten der Notenbank abziehen[38]. Der Notfallkredit entsprach 60 % des zyprischen Bruttosozialprodukts. Es wird behauptet, dass der Gouverneur der zyprischen Zentralbank unter dem Druck der Regierung handelte[38].

Die Laiki-Bank hatte seit dem April 2012 Notfall-Liquiditätshilfe erhalten. Im Februar 2013 fanden in Zypern Neuwahlen statt, und die Linksregierung von Demetrius Christophias wurde von einer bürgerlichen Regierung unter Ministerpräsident Nikos Anastasiades abgelöst. Im März 2013 wurde die Laiki-Bank geschlossen. Der neue Ministerpräsident warf dem Zentralbank-Präsidenten, der noch von der Vorgängerregierung ernannt worden war, vor, dass die Insolvenz der Laiki-Bank schon bei der Antragstellung „evident" gewesen sei und dass die Gewährung des Notfallkredits „Zweifel an der Unabhängigkeit der Zentralbank gegenüber der damaligen Regierung aufwerfe"[39]. Verantwortung trägt aber auch der EZB-Rat, denn er hätte die zyprischen Notfallkredite mit Zweidrittel-Mehrheit verhindern können. Aus den durch

Indiskretionen bekannt gewordenen Sitzungsprotokollen geht hervor, dass mehrere Mitglieder des EZB-Rats (Weidmann, Noyer und Knot) im Januar 2013 Zweifel daran äußerten, dass die Laiki-Bank solvent sei[40]. Weidmann wies außerdem darauf hin, dass die von der Bank angebotenen Sicherheiten nach einer Risikoanalyse der EZB etwa 1,3 Mrd. Euro weniger wert seien als von der zyprischen Zentralbank behauptet[40]. Auf der anderen Seite hatte Benoit Coeuré, das französische Direktoriumsmitglied der EZB, die Laiki-Bank im Juli 2012 bei der Einbringung ihrer Sicherheiten beraten[41]. Der deutsche EZB-Direktor Jörg Asmussen erklärte in einer Anhörung des Wirtschafts- und Währungsausschusses des Europäischen Parlaments am 07./08.05.2013, es habe sich als unmöglich erwiesen, die erforderliche Zweidrittel-Mehrheit im EZB-Rat zusammen zu bekommen[37].

Dirk Meyer wirft auch Griechenland vor, 2012 und 2014/2015 „mit Unterstützung der EZB wissentlich an sich überschuldete Institute am Leben gehalten" zu haben[42].

In Irland schließlich wurde die Notfall-Liquiditätshilfe sowohl zur Konkursverschleppung als auch zur monetären Staatsfinanzierung missbraucht. Es begann damit, dass die Anglo-Irish Bank 2010 einen Schuldschein des irischen Staates als Sicherheit für einen Notfallkredit der irischen Zentralbank einreichte. Wenig später wurde die Abwicklung der Bank bekannt gegeben. Dann – 2013 – wurde der Schuldschein „in einer Art Nacht-und-Nebel-Aktion" – so Dirk Meyer[43] – in niedriger verzinsliche und länger laufende Staatsanleihen umgetauscht, sodass der irische Staat auf Kosten der Zentralbank entlastet wurde. Das ist monetäre Staatsfinanzierung. Die ANFA-Obergrenze wurde dabei erheblich überschritten. Meyers Kritik: „Auch wegen der vom EZB-Rat selbst als monetäre Staatsfinanzierung gewerteten Transaktion hätte dieser sofort einschreiten müssen"[43].

13. In Maastricht war trotz französischer Bedenken vereinbart worden, dass die Europäische Zentralbank in ihren Entscheidungen von den Politikern unabhängig sein soll: „[…] die Regierungen der Mitgliedstaaten verpflichten sich […] nicht zu versuchen, die Mitglieder der Beschlussorgane der Europäischen Zentralbank oder der nationalen Zentralbanken bei der Wahrnehmung ihrer Aufgaben zu beeinflussen" (Artikel 130 AEUV). Trotzdem fordern französische und italienische Politiker die EZB immer wieder öffentlich oder auch im kleinen Kreis auf, ihre Geldpolitik in dieser oder jener Weise zu ändern. Artikel 130 scheint in Paris und Rom unbekannt zu sein. Der gravierendste Fall war zweifellos, dass Sarkozy die EZB im Mai 2010 drängte, griechische Staatsanleihen zu kaufen (Kap. 2). Weder die Kommission als „Hüterin der Verträge" noch einer der Mitgliedstaaten gingen jemals gegen die politischen Beeinflussungsversuche vor – sie alle hätten vor dem Gerichtshof klagen können.

14. Artikel 130 verbietet nicht nur den Politikern zu versuchen, die Entscheidungen der EZB zu beeinflussen. Er verbietet auch den Entscheidungsorganen der EZB, ihre Beschlüsse von Aufforderungen oder Vorentscheidungen der Regierungen abhängig zu machen:

Es „darf weder die Europäische Zentralbank noch eine nationale Zentralbank noch ein Mitglied ihrer Beschluss- organe Weisungen von Entschlussorganen oder Einrich- tungen der Union, der Regierungen der Mitgliedstaaten einholen oder entgegennehmen" (Artikel 130).

Die EZB hält sich nicht daran. Sie hat ihre Anleihe- käufe immer wieder von Vorentscheidungen der Politiker abhängig gemacht (Kap. 2). Wir erinnern uns: Im Mai 2010 erklärte Trichet, die EZB werde nur dann griechi- sche Anleihen kaufen, wenn die Euro-Staaten zuvor einen „Rettungsfonds" errichten würden. Den Kauf irischer, italienischer und spanischer Staatsanleihen in den Jahren 2010/2011 machte die EZB von den politischen Vorent- scheidungen der ESM-Gouverneure abhängig. Das Anlei- hekauf-Programm vom September 2012 (OMT) setzte ebenfalls voraus, dass der ESM, also die Finanzminister der Eurozone, zuvor grünes Licht gegeben hatten. Auch ihre Zustimmung zu Notfallkrediten an zyprische Banken im März 2013 hing vom Votum des ESM ab (Kap. 2).

Wenn die EZB in ihren Entscheidungen unabhän- gig sein soll, gehört dazu auch, dass die Entscheidungen nicht von Anderen für sie getroffen werden dürfen. Das gilt nicht nur für die Geldpolitik, sondern genauso für die Schließung von Banken, zu der die EZB ja im Rahmen der „Bankenunion" ermächtigt worden ist. Banken dürfen aber ohne Zustimmung der EZB auch von der Europäi- schen Bankenaufsichtsbehörde EBA oder der Bankenab- wicklungsbehörde der Eurozone geschlossen werden (Kap. 3). Die Deutsche Bundesbank hält diese „Kompetenzver- schränkung" für rechtlich und inhaltlich problematisch[44].

Bankenunion ohne Rechtsgrundlage

15. Die Verordnung über die Bankenaufsicht der EZB[45] nennt als Rechtsgrundlage den Artikel 127 Absatz 6 AEUV:

Der Rat kann einstimmig durch Verordnungen gemäß einem besonderen Gesetzgebungsverfahren und nach Anhörung des Europäischen Parlaments und der Europäischen Zentralbank besondere Aufgaben im Zusammenhang mit der Aufsicht über Kreditinstitute und sonstige Finanzinstitute mit Ausnahme von Versicherungsunternehmen der Europäischen Zentralbank übertragen.

Der EZB dürfen daher nur *„besondere Aufgaben"* im Zusammenhang mit der Bankenaufsicht übertragen werden. Der Rat soll auch nicht die ganze Aufsicht, sondern nur „Aufgaben im Zusammenhang mit der Aufsicht" übertragen dürfen. Der vorhergehende Absatz 5 stellt außerdem klar, dass die EZB und die nationalen Zentralbanken nur *zur Durchführung* der von den nationalen Aufsichtsorganen ergriffenen Maßnahmen *beitragen* dürfen:

Das ESZB trägt zur reibungslosen Durchführung der von den zuständigen Behörden auf dem Gebiet der Aufsicht über die Kreditinstitute und der Stabilität des Finanzsystems ergriffenen Maßnahmen bei.

Da die EZB lediglich besondere Aufgaben in der Durchführung der Bankenaufsicht übernehmen darf, ist es nicht zulässig, ihr den überwiegenden Teil der Bankenaufsicht zu übertragen. Nach der Bankenaufsichtsverordnung soll die EZB jedoch die 120 größten Banken der Eurozone beaufsichtigen. Auf diese Großbanken entfallen etwa 85 % des Bankgeschäfts der Eurozone. Wie die Deutsche Bundesbank festgestellt hat, wird in Bezug auf diese Banken „der EZB die Entscheidungskompetenz für beinahe alle aufsichtsrechtlichen Fragen übertragen"[46]. Die EZB kann darüber hinaus auch die Zuständigkeit für kleinere Banken an sich ziehen. Die im EZB-Rat für die Bankenaufsicht zuständige Direktorin Sabine Lautenschläger hat angekündigt, dass die EZB auch etwa 100 kleinere Banken im Visier hat[47]. Das alles ist ganz klar mehr als ein „Beitrag zur Durchführung" der nationalen Maßnahmen in Form „besonderer Aufgaben im Zusammenhang mit der Aufsicht über Kreditinstitute".

In der rechtswissenschaftlichen Literatur besteht weitgehend Einigkeit, dass Artikel 127 keine tragfähige Rechtsgrundlage ist[48]. Der deutsche Vertreter bei den Verhandlungen über den Artikel 127, Günther Bär, hat bezeugt, dass die Vertragsparteien Absatz 6 nicht als Rechtsgrundlage für eine EZB-Bankenaufsicht beabsichtigt haben[49]. Der Wissenschaftliche Dienst des Deutschen Bundestages kommt zu dem Schluss, dass es für die Bankenaufsichtsverordnung „keine ausreichende tragfähige Rechtsgrundlage" gibt[50]. In der abschließenden Anhörung des Finanzausschusses vertraten alle geladenen Rechtsexperten die Auffassung, dass Artikel 127 keine hinreichende Basis für die Übertragung fast der gesamten Bankenaufsicht ist. Bundesbankpräsident Weidmann erklärte: „Eine rechtlich saubere Lösung erfordert meines Erachtens eine Änderung der Verträge"[51].

Schäuble war sich des Problems bewusst. In einem Brief vom 11.07.2013 schlug er dem zuständigen EU-Kommissar Michel Barnier vor, Artikel 127 zu ändern, um die Rechtsgrundlage „so stark wie möglich" zu machen. Wegen der unzureichenden Rechtsgrundlage schlugen die SPD-Fraktion und der Bundesrat vor, das Zustimmungsgesetz zu befristen. Der Vorschlag wurde am 13.06.2013 im Bundestag mit 310 gegen 130 Stimmen bei 97 Enthaltungen abgelehnt. Die Debatte über das Zustimmungsgesetz war auf 45 Min. beschränkt. Vor dem Bundesverfassungsgericht ist eine Klage gegen das Zustimmungsgesetz anhängig (Markus C. Kerber). Gegen die zugrunde liegende Verordnung des EU-Rates können Betroffene weder vor dem Gerichtshof der EU noch vor dem Bundesverfassungsgericht klagen.

16. Als nächstes soll ein Beispiel behandelt werden, bei dem der Europäische Gerichtshof durch eine Umdeutung der Vertragsbestimmungen den Anstoß zu einer ganzen Serie von Finanzmarktvorschriften gab, die von den Vertragsschließenden mit Sicherheit nicht beabsichtigt waren. Es geht um den sogenannten Binnenmarktartikel 114 AEUV. Er wurde 1987 im Rahmen einer Vertragsänderung beschlossen. Damals war Margaret Thatcher Premierministerin in Großbritannien. Sie und ihre Minister hätten es sich bestimmt nicht träumen lassen, dass dieser Artikel 25 Jahre später dazu benutzt werden könnte, die City of London, das britische Finanzzentrum, einer europäischen Regulierung zu unterwerfen. Aber Artikel 114 wurde 2010 von der EU als Rechtsgrundlage für die europäische

Bankenaufsichtsbehörde (EBA) und entsprechende europäische Wertpapier- und Versicherungsbehörden gewählt.

Artikel 114 AEUV erlaubt qualifizierte Mehrheitsentscheidungen über „Maßnahmen zur Angleichung der Rechts- und Verwaltungsvorschriften der Mitgliedstaaten, welche das Errichten und Funktionieren des Binnenmarktes zum Gegenstand haben". Er verweist auf die Definition des Binnenmarktes in den Artikeln 26 und 27 AEUV:

> Der Binnenmarkt umfasst einen Raum ohne Binnengrenzen, in dem der freie Verkehr von Waren, Personen, Dienstleistungen und Kapital gemäß den Bestimmungen der Verträge gewährleistet ist (Artikel 26 Absatz 2).

Angewandt auf die Banken und Finanzmärkte bedeutet das, dass der Kapitalverkehr und der Handel mit Finanzdienstleistungen in der EU nicht von den einzelnen Mitgliedstaaten beschränkt werden darf. Das heißt aber nicht, dass die Vorschriften für das Bankgeschäft und die anderen Finanzmärkte in allen Mitgliedstaaten die gleichen sein müssen. Internationale Unterschiede in den gesetzlichen Bedingungen, unter denen die Banken operieren, sind voll vereinbar mit einem freien – das heißt unbeschränkten – Kapitalverkehr und Dienstleistungshandel. In der rechtswissenschaftlichen Literatur wird aus diesem Grund bemängelt, dass der Binnenmarktartikel 114 als Rechtsgrundlage für die Europäische Bankenaufsichtsbehörde gewählt wurde[52]. Da er auch als Rechtsgrundlage für die Europäische Wertpapieraufsichtsbehörde ESMA herhalten sollte, klagte Großbritannien 2012 dagegen beim Gerichtshof der EU. Der finnische Generalanwalt Niilo Jääskinen gab den Briten Recht[53], aber die Mehrheit des Gerichtshofs folgte ihm nicht[54].

Für Großbritannien war die Frage der Rechtsgrundlage von allergrößter politischer Bedeutung, denn nach Artikel 114 konnte das Land von einer qualifizierten Mehrheit überstimmt werden. Ohne die Rechtsgrundlage des Artikels 114 hätte die Finanzmarktgesetzgebung einstimmig beschlossen werden müssen. Die anti-britische Koalition wurde von dem französischen Präsidenten Sarkozy und der französischen Finanzministerin Lagarde angeführt. Lagarde erklärte: „Wir brauchen eine City, die nach anderen Regeln spielt"[55]. Sarkozy versuchte, einen Franzosen in das Amt des Brüsseler Binnenmarkt-Kommissars zu bringen. Als ihm das gelang, rief er in einer Rede aus: „Wissen Sie, was es für mich bedeutet, dass nach fünfzig Jahren zum ersten Mal ein französischer EU-Kommissar für den Binnenmarkt zuständig ist – einschließlich der Finanzdienstleistungen, einschließlich der City"[56]. Auch der französische Vorsitzende des Finanzmarktausschusses im Europäischen Parlament – ebenfalls ein Gaullist – spielte mit und verriet das Ziel des Komplottes: das traditionell restriktive französische Regulierungsniveau sollte auf alle Mitgliedstaaten ausgedehnt werden[57]. Auf diese Weise sollte die Wettbewerbsfähigkeit der liberaleren Rivalen – insbesondere Londons – geschwächt werden. So hatten die Briten nicht gewettet. Der französische Triumph trug zweifellos mit dazu bei, dass sie sich 2016 in der Volksabstimmung für den Austritt entschieden.

Eine Schlüsselrolle spielte dabei der Europäische
Gerichtshof. Die Möglichkeit qualifizierter Mehrheitsentscheidungen zugunsten des Binnenmarkts war wie erwähnt
1987 eingefügt worden. Nur zwei Jahre später verkündete
der Gerichtshof in einem Urteil, bei dem Binnenmarktziel
gehe es nicht nur um die Freiheit von nationalen Beschränkungen, sondern auch um einen unverfälschten Wettbewerb[58]. Das kann man zwar ökonomisch so sehen, aber
es entsprach nicht der Definition, die der Vertrag enthielt.
Nun konnte plötzlich über alle staatlichen Vorschriften, die
in den Mitgliedstaaten unterschiedlich sind und die Wettbewerbsfähigkeit beeinflussen, mit qualifizierter Mehrheit
entschieden werden! Die Konsequenzen waren enorm.

Eigenmächtige Urteile des Gerichtshofs können von
den Mitgliedstaaten nur einstimmig auf dem Weg der Vertragsänderung korrigiert werden. Das ist sehr schwierig
und in der Geschichte der europäischen Integration bisher
erst einmal gelungen[59]. Die Mitgliedstaaten fanden sich
schließlich mit der Umdeutung des Binnenmarktziels ab.
Sie wird in einem Protokoll des Lissaboner Vertrags fest-
gehalten[60]. Aber ohne den voran gehenden Eingriff des
Gerichtshofs gäbe es die Europäische Bankenaufsichtsbehörde EBA nicht. Für die Engländer war es ein unfassli-
cher Vertrauensbruch.

17. Der Binnenmarktartikel 114 spielte nicht nur in der
    EU-Finanzmarktregulierung von 2010 eine Rolle. Er
    wurde erneut bemüht, als es 2013 um die Abwick-
    lung der Banken in der Eurozone ging. Zwei Rechts-
    akte wurden beschlossen: ein völkerrechtlicher Vertrag

über den bereits erwähnten Abwicklungsfonds und eine EU-Verordnung über die Gründung einer Abwicklungsbehörde der Eurozone. Der Abwicklungsfonds musste einstimmig beschlossen werden. Die Verordnung dagegen wurde auf Artikel 114 basiert. Dementsprechend hätte eine qualifizierte Mehrheit ausgereicht, und zum Beispiel Deutschland hätte überstimmt werden können. Auch innerhalb der Abwicklungsbehörde kann der deutsche Vertreter überstimmt werden.

In der rechtswissenschaftlichen Literatur ist der Rückgriff auf Artikel 114 aus zwei Gründen scharf kritisiert worden. Zum einen kann ein Artikel wie 114, der sich auf die Binnenmarktgesetzgebung für alle EU-Staaten bezieht, nicht Rechtsgrundlage für eine Verordnung sein, an der sich nur die Mitglieder der Eurozone (und eventuell freiwillige Teilnehmer, aber sicher nicht alle EU-Staaten) beteiligen[61]. Die Sonderregelung für die Eurozone spaltet sogar den EU-Binnenmarkt.

Zum anderen wird eingewandt, dass die Entmachtung der nationalen Abwicklungsbehörden durch eine nach Ermessen entscheidende Abwicklungsbehörde der Eurozone weit über eine Angleichung der nationalen Rechtsvorschriften gemäß Artikel 114 hinausgeht. Die Abwicklungsverordnung wird „damit auf eine Kompetenzgrundlage gestützt, an deren Anwendbarkeit massive Zweifel angebracht sind", protestieren zum Beispiel die Rechtswissenschaftler Jörn Axel Kämmerer und Paulina Starski[62].

Während der EZB-Rat mehrheitlich Artikel 114 als Rechtsgrundlage verteidigt hat[63], hält es die Deutsche Bundesbank für fraglich, „ob die gewählte Rechtsgrundlage eine solche Übertragung von Befugnissen erlaubt"[64].

Paul Kirchhof – Jura-Professor, ehemaliger Verfassungsrichter und „Vater" des Maastricht-Urteils – hat 2014 kritisiert, in den verschiedenen EU-Staaten gebe es eine „unterschiedliche Bereitschaft, das Recht zu befolgen"[65]. In Deutschland sind „Einigkeit und Recht und Freiheit" höchste Werte. Regeln und Verträge müssen eingehalten werden. Die Südeuropäer dagegen sind stolz auf ihre Flexibilität. Der ehemalige italienische Ministerpräsident Matteo Renzi zum Beispiel hat „ein Europa der Regeln" ausdrücklich abgelehnt[66].

Nachdem nun das Recht auf breiter Front unter die Räder gekommen ist, versuchen deutsche Politiker, den Schutt beiseite zu räumen und noch mächtigere Kontrollorgane und noch schärfere Sanktionsmöglichkeiten einzuführen. Die Wahrheit ist: selbst wenn man darüber in der Europäischen Union Einstimmigkeit erzielen könnte, würden diese neuen Kontroll- und Sanktionsmöglichkeiten auch in Zukunft kaum genutzt, denn es gibt in der EU keinen politischen Konsens, dass und wie die Regeln einzuhalten sind. Die Lehre sollte vielmehr sein, dass die EU möglichst nicht in Politikbereiche vordringen sollte, in denen es entscheidend auf die Einhaltung von Regeln ankommt.

Quellenverzeichnis

1. Martin Seidel, Die deutsche Europapolitik unter den Vorgaben des Bundesverfassungsgerichts, Zentrum für Europäische Integrationsforschung, Universität Bonn, Discussion Paper C 218, 2013. (S. 18).
2. Hans Hugo Klein, „Den EU-Staaten Souveränität zurückgeben", Frankfurter Allgemeine Zeitung, 17.08.2016.
3. Urteil in der Rechtssache C-370/12 (Pringle) vom 27.11.2012. Scharfe Kritik an dem Urteil übt zum Beispiel Gunnar Beck, The Legal Reasoning of the Court of Justice of the European Union, Oxford 2012. (S. 446 f.).
4. Das abschließende Urteil erging am 18.03.2014 (2 BvE 6/12).
5. Horst Siekmann, Missachtung rechtlicher Vorgaben des AEUV durch die Mitgliedstaaten und die EZB in der Schuldenkrise, Institute for Monetary and Financial Stability, Universität Frankfurt/M., Working Paper Nr. 65, 2012. Vgl. auch die von ihm mit Quellen genannten Autoren (Gnan, Faßbender, Horn, Hentschelmann, Frenz, Ehlenz, Kube, Reimers, Rodi, Heß, Hafke, Knopp, Häde). Auch Siekmann selbst hält die Unterstützungsleistungen für unzulässig. (S. 27, Fn. 126, 31).
6. Christine Lagarde, in: Wall Street Journal, 17.10.2010.
7. Lellouche, in: Financial Times, 27.05.2011.
8. Wauquiez, in: Le Monde, 16.01.2011.
9. de Gucht, in: VRT (belgischer Fernsehkanal), 21.06.2010.
10. Simitis, in: Frankfurter Allgemeine Zeitung, 28.12.2012. Simitis, selbst Jura-Professor und Parteigänger von Papandreou schrieb, Artikel 125 sei „überrollt" worden. (S. 9).
11. Interview mit Helmut Schlesinger, Capital, 19.04.2012.
12. EFSM steht für „Europäischer Finanzstabilisierungsmechanismus" (Verordnung EU 407/2010).

13. Graphik in der Frankfurter Allgemeinen Zeitung vom 05.05.2011.

14. So auch Seidel, „Gefährdet die Verschuldungskrise einiger Staaten der Währungszone die Herrschaft des Rechts in der Europäischen Union?", in: W. Schäfer, A. Graf Wass von Czege (Hg.), Aktuelle Probleme der europäischen Integration, Schriftenreihe des Europa-Kollegs zur Integrationsforschung, Bd. 67, Baden-Baden 2012. (S. 17–41).

15. Siekmann [5], S. 27, sowie die in seiner Fußnote 115 mit Quellen angegebenen Rechtswissenschaftler (Kube, Reimers, Faßbender, Frenz, Ehlenz, Hentschelmann und Rodi). (S. 31).

16. Schäffler, Hirsch, Presseerklärung zur Verabschiedung des deutschen Zustimmungsgesetzes zum ESM usw., 29.06.2012.

17. In seiner Bundestagsrede ("Meine Damen und Herren, Sie begehen heute einen kollektiven Rechtsbruch") und in der Börsenzeitung vom 05.07.2012.

18. Frankfurter Allgemeine Zeitung, 21.03.2013.

19. Frankfurter Allgemeine Zeitung, 22.01.2013.

20. „Greece's public debt can now only be made sustainable through debt relief measures" (International Monetary Fund, Greece – An Update on the Extended Arrangement under the Extended Fund Facility, IMF Country Report No. 14/151, 14.07.2015).

21. „EU squeezed $ 7.8 billion Greek bridge loan via ESM loophole", www.bloomberg.com/news/articles/2015-09-08/.

22. Zum Beispiel bezüglich Griechenland Entscheidung 2011/734/EU, bezüglich Irland Entscheidung 2011/77/EU und bezügliche Portugal Entscheidung 2011/344/EU.

23. Zum Beispiel von Francesco Costamagna und Annamaria Viterbo, „L'impatto sociale della politica di conditionalità nel contesto della crisi dell'euro: Profili giuridici, in: N. Napoletano, A. Saccuci: (Hg.), Gestione internazionale

della emergenze globali, Editoriale Scientifica, Neapel 2015. Eine unveröffentlichte englische Fassung wurde am 29.11.2012 beim Max-Planck-Institut für ausländisches Recht und Völkerrecht, Heidelberg, diskutiert. (S. 167–194).

24. Es handelt sich um Verordnung 1173/2011/EU zum Stabilitäts- und Wachstumspakt und Verordnung 1174/2011/EU zum Verfahren bei makroökonomischen Ungleichgewichten.

25. Vgl. Martin Höppner, Florian Rödel, „Illegitim und rechtswidrig: Das neue makroökonomische Regime im Euroraum", Wirtschaftsdienst, 2012, Nr. 4. (S. 219–222).

26. Die in Fußnote 59 des folgenden Artikels angegebenen rechtswissenschaftlichen Quellen (Ohler, Frenz, Ehlenz, Häde, Fischer-Lescano, Bast, Rödl, Pilz, Dittmann). Die Fußnote befindet sich in: Carlino Antpöhler, „Emergenz der europäischen Wirtschaftsregierung: Das Six Pack als Zeichen supranationaler Leistungsfähigkeit", Zeitschrift für ausländisches öffentliches Recht und Völkerrecht, 2012, Nr. 2, S. 353–393. Antpöhler bejaht als einziger die Rechtmäßigkeit des Sixpack und bringt dafür „teleologische Gründe" vor: „Die ökonomische und politische Bedeutung, die das zunehmende wirtschaftspolitische Zusammenwachsen der Eurozone hat, spricht im Zweifel für eine Auslegung, die dies ermöglicht". (S. 375).

27. Das zeigt insbesondere Peter Bernholz, Monetary Regimes and Inflation: History and Political Relationships, Cheltenham 2003.

28. Verordnung (EG) Nr. 3603 des Rates vom 13. Dezember 1993.

29. Stefan Homburg, „Illegal und undemokratisch", Wirtschaftswoche, 29.10.2012. (S. 43).

30. Veröffentlicht in der Frankfurter Allgemeinen Zeitung, 12.09.2013.

31. Zu den Rechtswissenschaftlern, die das Anleihekaufprogramm für rechtswidrig erklärt haben, gehören zum Beispiel Christoph Degenhart, Hans-Detlev Horn, Bernhard Kempen, Markus C. Kerber, Dietrich Murswiek, Martin Seidel [1] und Horst Siekmann [5].

32. Bundesverfassungsgericht, Pressemitteilung Nr. 9/2014 vom 07.02.2014.

33. Urteil des Gerichtshofs vom 16. Juni 2015 (C-62/14).

34. Bundesverfassungsgericht, Urteil des Zweiten Senats vom 21.06.2016.

35. Capital, 19.04.2012.

36. Frankfurter Allgemeine Zeitung, 25.06.2015.

37. Klaus C. Engelen, What the Cyprus crisis tells us about the ECB and the Eurosystem, www.banking-union-watch.eu, 29.05.2013.

38. Das bestätigte der zyprische Zentralbank-Gouverneur Panicos Dimitriadis (Frankfurter Allgemeine Zeitung, 25.06.2013).

39. Dies sind vom mir übersetzte Zitate aus der Pressekonferenz, die Anastasiades am 23.08.2013 gab. Vgl. Engelen, 2013 [37].

40. New York Times, 17.10.2014.

41. International New York Times, 20.11.2014.

42. Meyer, „ANFA – nationale Geldschöpfung als Sprengsatz für die Währungsunion?" Wirtschaftsdienst, 2016, Nr. 6. (S. 419).

43. Dirk Meyer, „Euro-Geldschöpfung durch die Mitgliedstaaten", ifo Schnelldienst, 2016, Nr. 6. (S. 34, 35).

44. Deutsche Bundesbank, Monatsbericht, Juli 2013. (S. 32).

45. Verordnung des Rates zur Übertragung besonderer Aufgaben im Zusammenhang mit der Aufsicht über Kreditinstitute auf die Europäische Zentralbank (EU 1024/2013 vom 15.10.2013)

46. Deutsche Bundesbank, Geschäftsbericht 2013. (S. 69).

47. Le Monde, 04.11.2014.
48. Vgl. zum Beispiel Glatzl (2009), Herdegen (WM 2012), Kämmerer (NVwZ 2013), Kerber (Europolis 2014), Sacarcelik (BRK 2013), Seidel (CESifo DICE Report 3/2012), Wernsmann (2013), Kempen (in Streinz), Häde (in Callies/Ruffert), Rodi (in Vetter/Heintschel von Heinegg), Smits (in von der Groeben et al.).
49. Klaus C. Engelen, „Rising Tide of German Anger", The International Economy, Fall 2012. (S. 77).
50. Frankfurter Allgemeine Zeitung, 18.03.2013.
51. WELT am Sonntag, 09.12.2012; ähnlich der Stabilitätsbericht 2012 der Bundesbank.
52. Zum Beispiel Elaine Fahey, „Does the emperor have financial crisis clothes? Reflections on the legal basis of the European Banking Authority", The Modern Law Review 74, 2011. (S. 581–595).
53. Case C-270/12, Opinion of Advocate General Jääskinen, 13.09.2013. Konkreter Anlass für die britische Klage war das von der ESMA verhängte Leerverkaufsverbot.
54. Case C-270/12, Judgement, 22.01.2014.
55. The Times, London, 04.12.2009.
56. The Times, London, 02.12.2009.
57. Jean-Paul Gauzès, Le Figaro, 07.07.2010.
58. Es handelt sich um das sogenannte Titandioxid-Urteil (C 300/89).
59. Das war das sogenannte Barber-Protokoll zum Vertrag von Maastricht. Es korrigierte die Rechtslage, die durch das Barber-Urteil des Gerichtshofs (262/88, ECR I-1989) entstanden war.
60. Protokoll über den Binnenmarkt und den Wettbewerb.
61. So Bert van Roosebeke, Anne-Kathrin Baran und Philipp Eckhardt, Bankenabwicklung für die SSM-Staaten, Centrum für Europäische Politik, Freiburg/Brsg., cep-Analyse Nr. 42/2013, 07.10.2013. (S. 4).

62. J. A. Kämmerer, P. Starski, „Die Europäische Zentralbank in der Bankenunion oder: Vor Risiken und Nebenwirkungen wird gewarnt", ZG 2013. Van Roosebeke et al. [61] und Generalanwalt Jääskinen (C-270/12) teilen diese Kritik. Der Europäische Gerichtshof hat in einem Urteil (C-65/93) entschieden, dass einem in den Verträgen nicht angelegten Organ nicht auf der Grundlage von Artikel 114 Ermessensentscheidungen übertragen werden dürfen (sogenannte Meroni-Doktrin). (S. 335).

63. European Central Bank, Press Release, Opinion on the Simple Resolution Mechanism (SRM), 08.11.2013.

64. Deutsche Bundesbank, Monatsbericht, Juni 2014.

65. Paul Kirchhof, „Geldeigentum und Geldpolitik", Frankfurter Allgemeine Zeitung, 13.01.2014. (S. 7).

66. Frankfurter Allgemeine Zeitung, 12.09.2016.

5

Verfehlte Einwanderungspolitik?

Das Ende der Euromantik hat auch mit der Einwanderung zu tun. Bei der Entscheidung der Briten, die EU zu verlassen, spielte das Thema eine wichtige Rolle. Ein Drittel derer, die für den Austritt gestimmt haben, taten dies, „um die Kontrolle über die Einwanderung wieder zu gewinnen"[1]. Dabei ging es nicht nur um die Zuwanderung aus den osteuropäischen Mitgliedstaaten. Auch die massenhafte Einwanderung in die EU wurde als Problem empfunden. Denn wer von einem anderen EU-Staat – zum Beispiel Deutschland – aufgenommen worden ist, kann nach einigen Jahren die Staatsbürgerschaft dieses Landes erwerben und als EU-Bürger nach Großbritannien ziehen. Drei EU-Staaten (Bulgarien, Malta und Zypern) verkaufen sogar Pässe ihres Landes an Menschen, die in die EU einwandern möchten.

© Springer Fachmedien Wiesbaden 2018
R. Vaubel, *Das Ende der Euromantik*,
https://doi.org/10.1007/978-3-658-18563-3_5

Ursache des Ansturms war nicht nur die Asylgesetzgebung der EU, sondern noch mehr die Tatsache, dass sich einige Mitgliedstaaten nicht daran hielten[2]. Nach dem sogenannten „Dublin-Abkommen" der EU soll der allererste Mitgliedstaat, den Asylbewerber betreten, über ihre Anträge entscheiden und sie im Falle der Ablehnung abschieben[3]. Es gilt der Grundsatz, dass die anderen EU-Staaten – zum Beispiel Deutschland und Österreich – Asylbewerber, die über andere Mitgliedstaaten einreisen, wieder dorthin zurückschicken. Kein Staat ist verpflichtet, Asylbewerber aufzunehmen, die aus einem sicheren Nachbarland kommen.

Die Freizügigkeit innerhalb der EU gehört zu den vier Grundfreiheiten. Aber genau wie unter bestimmten Umständen Beschränkungen des innergemeinschaftlichen Kapitalverkehrs erlaubt sind, (zum Beispiel Artikel 65, 143 und 144 AEUV) und auch tatsächlich aufrechterhalten werden, darf die Freizügigkeit innerhalb der Union eingeschränkt werden. Für Menschen, die in die EU einwandern wollen, gilt die Freizügigkeit nicht. Die einzige Ausnahme ist das Flüchtlings- und Asylrecht. Wer als Asylbewerber anerkannt oder als Flüchtling vorübergehend aufgenommen werden muss, ist in einer Vielzahl völkerrechtlicher, europäischer und nationaler Rechtsquellen geregelt[4]. Ihnen allen ist gemeinsam, dass sie geändert werden können. Über die notwendigen Änderungen ist schon viel geschrieben worden[5]. Ich will mich in diesem Kapitel darauf beschränken, einige neue oder wenig bekannte ökonomische Aspekte beizutragen.

Vergleicht man die Freizügigkeit mit dem freien Handel und Kapitalverkehr, so ergibt sich ein grundlegender

Unterschied. Jedes internationale Handelsgeschäft setzt einen Vertrag zwischen einem inländischen und einem ausländischen Händler voraus. Jede grenzüberschreitende Kapitalbewegung beruht auf einem Vertrag zwischen einem Gläubiger und einem Schuldner. Da beide Seiten zustimmen, glauben beide sich besser zu stellen. Wenn der Vertrag nicht – wie zum Beispiel ein Kartellvertrag oder eine Absprache zwischen Verbrechern – darauf abzielt, anderen zu schaden, verbessert sich die Lage beider Länder. Genauso ist es, wenn Kapital von einem Land in ein anderes fließt. Wenn hingegen Menschen zuwandern, sind davon viele Bürger des Landes betroffen. Sie müssen mit den Einwanderern zusammen leben. Sie müssen die Nutzung des Landes und die Leistungen des gemeinsamen Staates mit ihnen teilen. Jede Gesellschaft, die sich in einem Staat organisiert und daher gemeinsame Ressourcen nutzt, ist ein Klub, und die Klubmitglieder wollen darüber mitentscheiden, wer in den Klub aufgenommen wird. Wenn vollkommene Freizügigkeit herrscht und alle Ausländer in beliebiger Anzahl zuwandern dürfen, ist nicht sicher gestellt, dass sich auch die Bürger des Gastlandes verbessern. Dass sich beide Seiten von der Zuwanderung eine Verbesserung versprechen, ist nur dann gewährleistet, wenn das Gastland um Zustimmung gebeten werden muss, das heißt, wenn es das Recht hat, seine Grenzen zu kontrollieren und unter den Zuwanderungswilligen auszuwählen. In einer Demokratie sollte sich die Politik nach den Wünschen der Bürger richten. Das gilt auch für das Thema Zuwanderung.

Es gibt noch einen weiteren wichtigen Unterschied zwischen Freihandel und Freizügigkeit. Wenn Menschen

zuwandern, werden Fakten geschaffen, die sich nicht so
leicht wieder rückgängig machen lassen. Das ist von vornherein zu bedenken. Eine optimale Zollunion ist nicht
unbedingt zugleich eine optimale Freizügigkeitsunion.

Aus ökonomischer Sicht sprechen mindestens vier
Gründe dafür, Zuwanderung zu erlauben.

1. Wanderungen erhöhen die Arbeitsproduktivität

Ein wichtiges Motiv für Wanderungen ist, dass die Menschen ihre Arbeitsproduktivität und damit ihr Einkommen
erhöhen wollen. Dabei gewinnt nicht nur der Einwanderer.
Auch die inländischen Sparer und Investoren verbessern
sich, denn ihre Rendite steigt, wenn das Arbeitsangebot
zunimmt. Zwar geraten die inländischen Arbeitseinkommen und die ausländischen Kapitaleinkommen unter
Druck. Aber alle profitieren davon, dass der Produktivitäts-
zuwachs die Güterversorgung verbessert. Wenn trotzdem
jemand per saldo verliert, kann er für seinen Verlust ent-
schädigt werden, ohne dass die Gewinner ganz auf ihren
Gewinn verzichten müssen, denn es kann ja aufgrund
der Wanderung mehr produziert werden. Der Kuchen
ist gewachsen, er muss nur so verteilt werden, dass alle
gewinnen.

Das Argument setzt voraus, dass der Einwanderer zu
uns kommt, weil er bei uns produktiver arbeiten kann und
infolgedessen ein höheres Einkommen erzielt. Diese Bedingung ist nicht zwangsläufig erfüllt. Zum Beispiel kann es
sein, dass der Zuwanderer aus politischen Gründen kommt
oder zu Verwandten und Freunden ziehen will oder die
Sozialleistungen des Gastlandes in Anspruch nehmen
möchte. Bei den Sozialleistungen geht es bekanntlich vor
allem um Sozialhilfe, Kindergeld, kostenlose Gesundheits-
leistungen und die Aufstockung niedriger Erwerbseinkom-
men aus staatlichen Mitteln. Im internationalen Vergleich
hängt das Niveau der Sozialleistungen zwar in der Regel
positiv von der Höhe der Arbeitsproduktivität ab, der

Zusammenhang ist aber locker. Zum Beispiel ist die Sozialleistungsquote (das heißt die Sozialleistungen als Anteil des Bruttosozialprodukts) in Deutschland um ein Drittel höher als in der Schweiz, obwohl sich die Arbeitsproduktivität kaum unterscheidet[6].

Eine rein produktivitätsorientierte Wanderung ist daher nur zu erreichen, wenn Zuwanderer – zumindest in den ersten Jahren – nicht die gleichen Sozialleistungen wie Inländer erhalten. In den schweizerischen Kantonen war es bis in die zweite Hälfte des 20. Jahrhunderts üblich, dass Zuwanderer aus anderen Kantonen nur den Sozialhilfesatz ihres Heimatkantons erhielten. Damit entfiel der Anreiz, in das Sozialleistungssystem eines anderen Kantons einzuwandern. Alternativ ist vorgeschlagen worden, Zuwanderern einen versicherungsmathematisch fairen Versicherungsschutz anzubieten, der ihren Steuer- und Beitragszahlungen entspricht.

Vergleicht man die heutige Einwanderung nach Deutschland und in die EU mit den historischen Wanderungen von Europa nach Amerika oder Australien und Neuseeland, so fällt auf, dass die Einwanderer damals in ihrer neuen Heimat so gut wie keine Sozialleistungen vorfanden. Sie wanderten von zivilisierteren in weniger zivilisierte Länder. Sie waren Kolonisatoren. Die heutigen Wanderungen entsprechen eher der viel früheren Völkerwanderung, die dem Römischen Reich so zu schaffen machte. Damals kamen die Massen aus dem Norden, heute aus dem Süden.

Wenn die Zuwanderung auf das von den Bürgern gewünschte Maß beschränkt wird, sorgen Handel und Kapitalverkehr dafür, dass die ausländischen Arbeitskräfte in ihren Heimatländern produktiver genutzt werden. Das besagt ein berühmtes ökonomisches Theorem[7]. Beschränkt zum Beispiel die EU die Einwanderung aus den arabischen Ländern, fließt eher Kapital aus der EU dorthin, denn die Arbeitskräfte bleiben dort reichlich und billig. Die Maschinen aus der EU erhöhen die Arbeitsproduktivität der Araber. Die internationalen Unterschiede in der relativen Ausstattung mit Arbeitskräften und Kapital können also nicht nur durch Wanderungen, sondern auch durch Kapitalbewegungen ausgeglichen werden. Gleichzeitig sind die arabischen Länder nun aufgrund ihrer niedrigen Arbeitskosten in der Lage, mehr arbeitsintensiv produzierte Güter in die EU zu exportieren und im Gegenzug kapitalintensiv produzierte Güter aus der EU zu importieren. Auch das erhöht ihren Lebensstandard. In der Realität gibt es allerdings auch Hindernisse für den internationalen Handel und Kapitalverkehr. Zu einem nicht unerheblichen Anteil ist dafür die EU verantwortlich.

2. Durch Wanderungen entstehen homogenere Bevölkerungen

Ein weiteres Motiv für Wanderungen ist, dass die Menschen lieber unter Gleichgesinnten leben möchten[8]. Das gilt für Wanderungen zwischen Gemeinden, aber auch zwischen Ländern. Auf diese Weise entstehen Gemeinwesen, in denen sich die Bürger so weit wie möglich einig sind, wie hoch die Steuern sein sollen und welche staatlichen Leistungen damit zu finanzieren sind. Je einheitlicher die Bedürfnisse der Bürger eines Gemeinwesens sind, desto weniger von ihnen werden überstimmt und von der Politik enttäuscht. Dafür gibt es in der europäischen Geschichte berühmte Beispiele. Als die Hugenotten im 17. Jahrhundert nicht mehr in Frankreich geduldet wurden, wanderten sie in andere protestantische Länder Europas (Preußen, die Niederlande, England) aus, wo sie hoch willkommen waren. Lässt sich diese Überlegung auch auf die heutigen Wanderungen anwenden?

Betrachten wir zunächst die Wanderungen zwischen den EU-Staaten. Das britische Referendum hat gezeigt, dass selbst Zuwanderer aus osteuropäischen Mitgliedstaaten nur begrenzt willkommen sind. Man befürchtet, dass die Einwanderer Sozialleistungen in Anspruch nehmen, die die Briten bezahlen müssen. Wenn sich die Einwanderer auf Kosten der Inländer bereichern können, ist die Interessenlage der Einwanderer und der Inländer nicht einheitlich,

sondern diametral verschieden. Das war im Fall der Hugenotten anders.

Zwischen der EU und den arabischen Ländern sind die
Unterschiede in den Sozialleistungen noch größer als zwischen den Mitgliedstaaten der EU. Deshalb ist ein Interes-
sengegensatz zwischen Einheimischen und Zuwanderern
in diesen Fällen wahrscheinlicher. Dass sich durch die heutigen Wanderungen einheitlichere Bevölkerungen bilden, ist
wohl nicht zu erwarten.

**3. Ohne grenzüberschreitende Mobilität der Arbeitskräfte
kann eine Währungsunion nicht zufriedenstellend funktionieren**

1999, als die Europäische Währungsunion begann, erhielt
der kanadische Ökonom Robert A. Mundell den Nobelpreis,
weil er als erster eine „Theorie optimaler Währungsge-
biete" entwickelt hatte[9]. Sein Maßstab für die Optimali-
tät einer Währungsunion ist die Arbeitsmobilität zwischen
den teilnehmenden Ländern. Denn wenn die Arbeitskräfte
mobil sind, kann man leichter auf Wechselkursanpassun-
gen verzichten. Wenn ein Land seine Wettbewerbsfähigkeit gegenüber einem anderen Land verliert, wandern
die Arbeitskräfte ins Ausland und finden dort Arbeit.
Massenarbeitslosigkeit wird so vermieden. Wenn die
Arbeitsmobilität dagegen gering ist, kann das Land seine
Wettbewerbsfähigkeit sehr viel leichter durch Anpassung
seines Wechselkurses, das heißt durch Abwertung seiner
Währung, wiederherstellen, als durch die Anpassung jedes
einzelnen Güterpreises und Lohnes.

Mundells Theorie ist gut und richtig, aber die Arbeitsmobilität zwischen den Euro-Staaten ist viel zu gering,
um Massenarbeitslosigkeit in den weniger wettbewerbs-
fähigen Ländern zu verhindern. Die Arbeitsmobilität ist
in Europa – schon wegen der Sprachenunterschiede – viel
geringer als in der Dollar-Währungsunion der USA. Zwischen den Bundesstaaten der USA ist die Arbeitsmobilität
etwa fünfmal so hoch wie zwischen den EU-Staaten[10].

Darauf wurde schon 1999 hingewiesen, als Mundell seinen Nobelpreis erhielt. Die Europäische Währungsunion ist ein denkbar schlechtes Beispiel für Mundells Theorie. Sie ist an Mundells Theorie gemessen alles andere als ein optimales Währungsgebiet.

Arbeitsmobilität setzt Freizügigkeit voraus – aber nur zwischen den Ländern, die der Währungsunion auch tatsächlich angehören. Der Euro ist zum Beispiel kein Grund, Freizügigkeit von Großbritannien zu verlangen, denn die Briten sind bei ihrem Pfund Sterling geblieben. Die Forderung nach Freizügigkeit gilt für Großbritannien daher weniger als für Deutschland, das Mitglied der Währungsunion ist. Das sollte man in den Brexit-Verhandlungen berücksichtigen.

Aber auch für Deutschland lässt sich die Freizügigkeit innerhalb der EU nicht mit der Währungsunion begründen, soweit die anderen EU-Staaten gar nicht am Euro teilnehmen – wie Polen, Tschechien, Bulgarien, Rumänien und Kroatien. Aus diesen Ländern kommen aber die meisten Zuwanderer. Schließlich ist die Währungsunion offensichtlich kein Grund, EU-Ausländer aufzunehmen.

4. Freizügigkeit begrenzt die Macht des Staates

Wenn die Menschen zwischen verschiedenen Staaten wandern dürfen, können sie sich der Willkür eines unterdrückerischen Regimes entziehen und in ein freiheitlicheres Land auswandern. Wenn es sich dabei um fähige Leute handelt, schädigt die Wanderung das Herkunftsland und bereichert das Gastland. Insofern haben die Regierungen der beiden Länder ein Interesse daran, die Leistungsträger durch Freiheit und Demokratie für sich zu gewinnen. Freizügigkeit und freier Kapitalverkehr bewirken, dass die Regierungen verschiedener Länder miteinander im Wettbewerb stehen, ihren Bürgern weniger Vorschriften machen und die Steuern senken. Wie im Markt zwingt der Wettbewerb die Anbieter auch in der Politik, die Preise zu senken und die Produktqualität zu verbessern.

In der Geschichte Europas hat der Wettbewerb zwischen den Regierenden eine große – ja entscheidende – Rolle gespielt. Noch im 15. Jahrhundert lag Europa in seinem Entwicklungsstand deutlich hinter China zurück. Fünfhundert Jahre später sah alles ganz anders aus. Weshalb entwickelten sich Wissenschaft und Technik, Freiheit und Demokratie nicht in China (oder Indien oder im Osmanischen Reich), sondern ausgerechnet in Europa? Die neuere wirtschaftshistorische Forschung[11], [12] gibt eine klare Antwort: weil es in Europa – anders als in China, Indien und dem Nahen Osten – nie über längere Zeit ein Großreich gab! In Europa entwickelte sich aufgrund seiner unübersichtlichen Geografie ein politisches Gleichgewicht zwischen fünf oder mehr größeren und einer Reihe kleinerer Staaten, sodass sich die Bürger unerträglichen Beschränkungen ihrer Freiheit relativ leicht entziehen konnten. Kaufleute, Erfinder und Entdecker (Columbus!) konnten dorthin gehen, wo man ihnen die besten Bedingungen bot, und die religiösen und ethnischen Minderheiten (Juden, Protestanten usw.) konnten sich oft durch Auswanderung in Sicherheit bringen. Zu den schwersten Verfolgungen kam es, wenn der Staat großflächig zentralisiert und ein Herrscher zu mächtig wurde – zum Beispiel nach der Einigung Spaniens Ende des 15. Jahrhunderts, unter Ludwig XIV in Frankreich und vor nicht langer Zeit im Dritten deutschen Reich. Dass die Europäer ihre Freiheit und ihr Wirtschaftswunder dem Wettbewerb zwischen den Regierenden verdanken, ist eine Einsicht, die sich schon bei den Philosophen des 18. Jahrhunderts (David Hume, Charles Montesquieu, Immanuel Kant) findet[11]. Max Weber sah darin das Geheimnis der Industriellen Revolution[13].

Was folgt daraus für das Europa von heute? Einerseits ist die Europäische Union dabei, viele Vorschriften und einige Steuern zu vereinheitlichen oder zu „harmonisieren". Diese Absprachen schwächen den Wettbewerb zwischen den Regierenden und geben ihnen mehr Macht über die Bürger. Andererseits liberalisiert die Europäische Union die Wanderungen, den Kapitalverkehr und den Handel zwischen

den Mitgliedstaaten. Das begrenzt die Macht der Regierenden. Dieser Machtverlust ist ein wichtiger Grund, weshalb
sie alles daran setzen, ihre „Handlungsfähigkeit" durch
EU-weite Absprachen aufrecht zu erhalten. Der politische
Wettbewerb soll durch ein Politikerkartell oder -monopol
ersetzt werden.

Ob die heutigen Wanderungen in die und in der EU
die Regierenden zu einer freiheitlicheren Politik anhalten,
hängt davon ab, ob sie die Abwanderung bedauern und
die Zuwanderung als Gewinn verbuchen. Diese beiden
Bedingungen sind desto eher erfüllt, je qualifizierter die
potenziellen Wanderer sind. Viele der heutigen Migran-
ten erfüllen diese Bedingungen nicht. Aber aus Osteuropa
wandern tatsächlich viele Leistungsstarke ab – ähnlich wie
aus Ostdeutschland vor dem Mauerbau. Für die Freiheit ist
es deshalb wichtig, dass die Ausreise nicht beschränkt wird
und dass vor allem die Fähigen von den anderen Ländern
aufgenommen werden. Wer fähig ist, ist zumeist auch inte-
grationsfähig und eher willkommen. Das mag erklären,
warum alle klassischen Einwanderungsländer seit jeher versucht haben, unter den Einwanderungswilligen eine Aus-
wahl zu treffen.

Das missverstandene Demografie-Problem

Häufig liest man, Deutschland brauche viele Einwanderer, weil die Zahl der Deutschen schrumpft. Tatsächlich
ist die deutsche Geburtenrate die zweitniedrigste unter
den Industrieländern (hinter Japan). Von Generation zu
Generation schrumpft die deutsche Bevölkerung (ohne
Migrationshintergrund) um etwa ein Drittel. Es gibt viele
Gründe, diese Entwicklung zu bedauern, aber sie ist das
Ergebnis freier Entscheidungen und daher in einer frei-
heitlichen Gesellschaft hinzunehmen.

Die größte Sorge gilt der Rentenversicherung, denn sie ist nach dem Umlageverfahren organisiert. Jede Rentnergeneration wird direkt aus den Rentenbeiträgen der arbeitenden Generation(en) finanziert. Die meisten Ökonomen bevorzugen eine kapitalgedeckte Alterssicherung, weil sie die Menschen zum Sparen anhält[14]. Ursprünglich – unter Bismarck – war die gesetzliche Rentenversicherung durch einen Kapitalstock gedeckt. Nur die Renten derer, die in ihrem Leben kaum Beiträge gezahlt hatten, wurden über einen Reichszuschuss – also aus Steuermitteln – finanziert.

Der Kapitalstock der Rentenversicherung ging in der Weimarer Hyperinflation (1922/1923) verloren, und die Politik verzichtete darauf, ihn – zum Beispiel durch Ausgleichsforderungen an den Staat – wieder herzustellen. Es ist eine Ironie der Geschichte, dass die gesetzliche Rentenversicherung, die ja ursprünglich geschaffen wurde, damit jeder für sein Alter spart, zu einem System degeneriert ist, in dem niemand mehr Ersparnisse für sein Alter aufbaut.

Die umlagefinanzierte Rentenversicherung hat riesige Verbindlichkeiten, aber kein Vermögen. Es sind ungedeckte Schulden einer staatlichen Institution – also eine verdeckte Form der Staatsverschuldung. Die Beitragseinnahmen werden gleich wieder ausgezahlt, das System lebt von der Hand in den Mund. Solange die Wachstumsraten der arbeitenden Bevölkerung und der Produktivitätsfortschritt zusammen größer sind als der Realzins[15], den eine kapitalgedeckte Altersvorsorge erbringen würde, stehen sich die Rentner im Umlageverfahren besser als im Kapitaldeckungsverfahren. Wenn diese sogenannte „Aaron-Bedingung"[16] jedoch nicht erfüllt ist, ist die umlagefinanzierte Rentenversicherung ein Verlustgeschäft. Schrumpft die Bevölkerung stärker, als die Produktivität zunimmt, kommt es sogar zu einem Rückgang des Beitragsaufkommens. Dann muss die Rente gekürzt oder der Beitragssatz erhöht werden, oder die Rentenversicherung erhält Zuschüsse aus dem Staatshaushalt, also von den Steuerzahlern. Den deutschen Rentnern sind Kürzungen bisher erspart geblieben, weil der Beitragssatz und der Staatszuschuss stark erhöht wurden und weil die Zuwanderung den Rückgang der deutschen Bevölkerung ausglich. Aber relativ zu ihrem früheren Arbeitseinkommen erhalten die deutschen Rentner immer weniger Rente.

Was wäre die Alternative zur Zuwanderung? Der Wirtschaftsnobelpreisträger James Buchanan hat schon 1968 dargelegt, wie eine in Schwierigkeiten geratene umlagefinanzierte Rentenversicherung optimal in ein effizientes kapitalgedecktes System überführt werden kann[17]. Zunächst einmal muss die versteckte Staatsschuld, die sich hinter den Verbindlichkeiten der gesetzlichen Rentenversicherung verbirgt, in eine offene Staatsschuld umgewandelt werden. Das heißt, die Rentenversicherung muss in Höhe ihrer (Netto-) Verbindlichkeiten Forderungen gegen den Staat – also Staatsanleihen – erhalten. Die offen ausgewiesene Staatsverschuldung nimmt dann natürlich dramatisch zu. Aber in Wirklichkeit hat sich nichts geändert: Es wird nur die tatsächliche, bislang verschleierte Staatsverschuldung sichtbar gemacht.

Die Staatsanleihen, die die Rentenversicherung erhält, sollten nach Buchanan zwei Bedingungen erfüllen: Sie sollten erstens – wie früher die britischen „Consols" – eine unendliche Laufzeit haben, und sie sollten zweitens – wie andere Staatsanleihen auch – im Markt handelbar sein. Die unendliche Laufzeit stellt sicher, dass die Kosten der Reform nicht nur von der heute arbeitenden Generation getragen werden müssen, sondern gleichmäßig auf diese und alle zukünftigen Generationen verteilt werden. Die riesigen Schulden der umlagefinanzierten Rentenversicherung sind dadurch entstanden, dass frühere Rentnergenerationen Geschenke erhalten haben: Ihre Rente war höher als ihre marktgerecht verzinsten Beitragszahlungen. Heute werden die Kosten dieser Geschenke offen gelegt und möglichst gerecht auf alle noch lebenden Generationen verteilt. Die Belastung der einzelnen Generationen wird so angeglichen und minimiert.

Die zweite Bedingung – die Handelbarkeit– erlaubt es, das Monopol der gesetzlichen Rentenversicherung im Bereich der obligatorischen Altersvorsorge aufzuheben und Versicherungswettbewerb zuzulassen. Wer mit der gesetzlichen Rentenversicherung unzufrieden ist, kann jetzt seine Ansprüche in Form von Staatsanleihen mitnehmen und bei einer anderen öffentlichen oder privaten Versicherung anlegen. Die Versicherungspflicht bleibt bestehen, aber es gibt keine Pflichtversicherung mehr – genauso wie bereits bei der Haftpflichtversicherung für Kraftfahrzeuge. Die Wahlfreiheit und der daraus resultierende Wettbewerb zwischen verschiedenen Rentenversicherungen ermöglichen Effizienzgewinne, die jedem Versicherten zugutekommen. Sie können größer sein als die zusätzliche Belastung aus dem Schuldendienst. Dann werden nicht nur die Kosten der Reform minimiert – die Reform verbessert sogar die Lage der heute arbeitenden Generation[14], [18].

Wenn nun die deutsche Bevölkerung schrumpft und der Rückgang nicht oder nicht voll durch Zuwanderung ausgeglichen wird, werden die Arbeitskräfte relativ zum Kapitaleinsatz knapper. Sie verteuern sich, das heißt, die deutschen Arbeitseinkommen steigen. An der Verfügbarkeit und Verzinsung des Kapitals ändert sich wenig, denn Kapital ist mobil. Der Zins wird im Weltmarkt bestimmt.

Dass sich in Deutschland die Arbeitskräfte im Verhältnis zum Kapitalstock verknappen und verteuern, wäre nichts Neues. Das ist in allen Industrieländern schon seit langem so. Das Angebot an Kapital (oder Ersparnissen) wächst stärker als das Angebot an Arbeitsleistung. Neu wäre nur, dass die relative Verknappung und Verteuerung der Arbeitskräfte mit einem absoluten Rückgang des Arbeitsangebots verbunden wäre. Die bisherige Entwicklung würde sich also lediglich verstärken.

Während die deutschen Arbeitnehmer ihre Einkommen erhöhen, verzeichnen die deutschen Kapitaleigner einen Rückgang ihrer Gewinne, denn das rückläufige Angebot an Arbeitskräften beeinträchtigt die Produktivität ihrer Investitionen. Deshalb treten die deutschen Unternehmens- und Arbeitgeberverbände in der Regel für eine möglichst starke Zuwanderung ein. Das ist legitim, aber natürlich nur ein Interessenstandpunkt. Soweit die Zuwanderung beschränkt wird, haben die deutschen Kapitalbesitzer wie erwähnt die Möglichkeit, entsprechend mehr im Ausland zu investieren.

Das deutsche Demografie-Problem kann jedenfalls – wenn von den Bürgern gewünscht – auch ohne eine kompensierende Zuwanderung gelöst werden.

Quellenverzeichnis

1. Eine Umfrage des britischen Meinungsforschungsinstituts YouGov Poll, Juli 2016.
2. Eine aktuelle und kluge Ursachenanalyse bietet zum Beispiel Hans-Werner Sinn, Der schwarze Juni, München 2016 (Kap. 2).
3. Griechenland ließ die meisten Asylbewerber ungeprüft in andere EU-Staaten weiterreisen. Gleichzeitig erhielt es vom Euro-Fonds den dritten subventionierten Milliardenkredit. Italien prüft die Asylgesuche, schiebt aber abgelehnte Asylbewerber in der Regel nicht ab. Die abgelehnten Asylbewerber werden zwar aufgefordert, die EU zu verlassen. Da ihnen aber dafür das Geld fehlt, werden sie geduldet und können auch in andere Mitgliedstaaten gelangen. Spanien dagegen – in Sichtweite Afrikas gelegen – erfüllt seine Verpflichtungen aus dem Dublin-Abkommen konsequent und effektiv. Die sogenannte Balkan-Route wurde nicht von einem EU-Staat, sondern von dem Nicht-Mitglied Mazedonien geschlossen. Zum Dublin-Abkommen vgl. die EU-Verordnung 604/2013.
4. Für Deutschland sind dies vor allem die Genfer Flüchtlingskonvention, die Anerkennungsrichtlinie (EU 2011/95) und die Asylverfahrensrichtlinie (EU 2013/32) der Europäischen Union, Art. 16a Grundgesetz, das Asylgesetz und das Aufenthaltsgesetz.
5. Sehr vernünftige Reformvorschläge macht zum Beispiel: Hans-Werner Sinn, Der schwarze Juni, München 2016 (Kap. 5).
6. OECD, Public Expenditure Statistics (online)
7. Es handelt sich um das „Faktorpreisausgleichstheorem" von Abba Lerner und Paul Samuelson.

8. Die klassische Quelle zu dieser Begründung der Freizügigkeit ist der Aufsatz von Charles Tiebout, „A Pure Theory of Local Expenditures", Journal of Political Economy 64, 1956. (S. 416–424).

9. Sein Aufsatz erschien bereits 1961: „A Theory of Optimum Currency Areas", American Economic Review 51. (S. 657–665).

10. Während in den USA 2 bis 3 Prozent der Arbeitnehmer in einem Jahr von einem Bundesstaat in den anderen wandern, wechseln in der EU nur 0,5 Prozent zwischen den Mitgliedstaaten. Ein indirektes Maß für die Arbeitsmobilität sind die interregionalen Unterschiede in den Arbeitslosenquoten. Gemessen an den Variationskoeffizienten betragen sie 1,13 Prozent in der EU und 0,21 in den USA. Diese Daten sind nicht ganz aktuell, aber es dürfte sich wenig daran geändert haben.

11. Einen Überblick über diese Forschung gebe ich in dem Aufsatz „Der Wettbewerb der Staaten als Erfolgsgeheimnis Europas: Eine Theoriegeschichte", in: Pierre Bessard (Hg.), Europa: Die Wiederentdeckung eines großen Erbes, Edition Liberales Institut, Zürich, 2015. (S. 57–86).

12. Besonders empfehlenswert ist das Buch von Eric Jones, Das Wunder Europa, Tübingen 2012.

13. Max Weber, Wirtschaftsgeschichte, Berlin 1923. (S. 249).

14. Vgl. meinen Aufsatz „Reforming Social Security for Old Age", in: Herbert Giersch (Hg.), Reassessing the Role of Government in the Mixed Economy, Tübingen 1983. (S. 180 ff.).

15. Der Realzins ist der (Nominal-)Zins abzüglich der erwarteten Inflationsrate.

16. Henry J. Aaron, „The Social Insurance Paradox", Canadian Journal of Economics and Political Science 32, 1966. (S. 371–374).

17. James M. Buchanan, „Social Insurance in a Growing Eco-
    nomy: A Proposal for Radical Reform", National Tax Jour-
    nal 21, 1968. Einige Länder haben Buchanans Vorschlag
    bereits realisiert. (S. 386–395).

18. Mit einigen Einwänden gegen Buchanans Vorschlag setze ich
    mich in meinem Aufsatz von 1983 [14] und in R. Vaubel,
    „Sozialpolitik für mündige Bürger", Baden-Baden 1990 aus-
    einander. (S. 40).

6

Das Eigeninteresse der Eurokratie

Die Europhorie ist verflogen. Als letzte Ursache der allgemeinen Ernüchterung will ich die Entfremdung zwischen den europapolitischen Akteuren – der „Eurokratie" – und den Bürgern behandeln. Es häufen sich die Signale, dass die Europapolitiker nicht das wollen und tun, was die Menschen von ihnen verlangen. Sie sind nicht nur abgehoben – sie haben ganz andere Interessen.

Politiker wollen „gestalten", das heißt: Macht ausüben. Sie wollen „handlungsfähig" sein, das heißt: möglichst wenig kontrolliert werden. Für die Europapolitiker bedeutet das: möglichst viele Kompetenzen auf die EU übertragen und möglichst wenig Mitsprache gewähren.

Das Europäische Parlament

Beginnen wir mit dem Europaparlament. Tab. 6.1 enthält das Ergebnis einer vergleichenden Meinungsumfrage,

© Springer Fachmedien Wiesbaden 2018
R. Vaubel, *Das Ende der Euromantik*,
https://doi.org/10.1007/978-3-658-18563-3_6

Tab. 6.1 Wichtigkeit der politischen Themen. (Quelle: European Representation Study, Schmitt, Thomassen 1999)

So viel Prozent der Befragten halten die folgenden politischen Themen für besonders wichtig:			
Arbeitslosigkeit	67	78	73
Verbrechensbekämpfung	19	10	9
Umweltschutz	16	11	17
Zuwanderung	11	6	6
Preisstabilität	11	3	7
Europäische Einigung	3	11	23

die gleichzeitig unter den Bürgern, den Abgeordneten der nationalen Parlamente und den Euro-Parlamentariern durchgeführt wurde[1]. Die Befragten sollten angeben, welche politischen Themen ihnen besonders wichtig sind. Wie die Tabelle zeigt, wurde in allen drei Gruppen am häufigsten die Arbeitslosigkeit genannt. Doch schon an zweiter Stelle sind erstaunliche Unterschiede festzustellen: 19 % der Bürger nennen die Verbrechensbekämpfung, elf Prozent der nationalen Abgeordneten den Umweltschutz und die europäische Einigung und 23 % der Euro-Parlamentarier nur die europäische Einigung. Für die Bürger kommt die europäische Einigung mit drei Prozent erst an sechster und damit letzter Stelle. Dagegen sind die Themen Zuwanderung und Preisstabilität den Bürgern viel wichtiger als den nationalen und europäischen Parlamentariern.

Wir stellen also fest, dass die europäische Einigung den nationalen und den europäischen Parlamentariern viel wichtiger ist als den Bürgern. Die Abweichung ist bei den Euro-Parlamentariern mit 20 Prozentpunkten mehr als doppelt so groß wie bei den nationalen Parlamentariern (8 Prozentpunkte). Die Prioritäten der Europa-Abgeordneten sind stark in Richtung Zentralisierung verzerrt.

Tab. 6.2 ist derselben Untersuchung entnommen. Diesmal sollten die Befragten sagen, ob die politischen Entscheidungen in den drei wichtigsten Themenbereichen auf europäischer, nationaler oder regionaler Ebene getroffen werden sollen. Wie die Tabelle zeigt, nannte eine Mehrheit der Euro-Parlamentarier (54 %) die europäische Ebene. Unter den Bürgern war nur eine Minderheit (42 %) dafür – ähnlich unter den nationalen Parlamentariern (44 %). Die Euro-Parlamentarier wünschen also eine andere Kompetenzverteilung als die Bürger. Ihre Wünsche sind nicht repräsentativ. Sie wollen mehr Macht, als die Bürger ihnen geben wollen. Das ist verständlich, darf aber nicht die Richtschnur sein.

Tab. 6.3 vergleicht die in einer Meinungsumfrage erhobenen Integrationswünsche der Bürger mit den Intergrationszielen der Parteien, denen die Euro-Parlamentarier angehören[2]. Unter den Bürgern wünscht nur eine

Tab. 6.2 Bevorzugte Entscheidungsebene. (Quelle: European Representation Study, Schmitt, Thomassen 1999)

So viel Prozent der Befragten ziehen in den drei wichtigsten Fragen die folgende Entscheidungsebene vor:			
Bevorzugte Entscheidungsebene	Bürger	Nationale Parlamentarier	Europaparlamentarier
Europäische Union	42	44	54
National	45	48	43
Regional	12	7	3

Tab. 6.3 Mehr oder weniger Integration? (Quelle: Rose 2013)

	Mehr Integration	Keine Änderung	Weniger Integration
So viel Prozent der befragten Bürger wünschen…	40	30	30
So viel Prozent der Euro- Parlamentarier gehören einer Partei an, die Folgendes fordert	80	1	15

Minderheit (40 %) mehr Integration. Der mittlere Wähler ist mit dem erreichten Integrationsgrad zufrieden. Aber eine überwältigende Mehrheit der Europaparlamentarier (84 % – also mehr als der doppelte Anteil) gehört Parteien an, die in ihren Programmen mehr Integration fordern.

Ein weiteres Indiz für die Zentralisierungsneigung des Europaparlaments ist die Tatsache, dass es regelmäßig für einen größeren EU-Haushalt stimmt, als Kommission und Rat vorschlagen. Ein normales Parlament versucht, die Ausgaben zu kürzen. Das Europaparlament tut das Gegenteil. Es vertritt sich selbst – seine eigenen Interessen.

Die Bürger können deshalb Themen, die die Machtverteilung zwischen der EU und den Mitgliedstaaten betreffen, nicht einfach dem Europaparlament überlassen. Wenn die Zentralisierung nicht überhand nehmen soll, müssen die Bürger die europäische Gesetzgebung über Volksentscheide und/oder über ihre nationalen Parlamente kontrollieren können.

Die Kontrolle der Wähler über das Europaparlament ist schwach. Das liegt zunächst einmal daran, dass es weit entfernt in Brüssel oder Straßburg tagt und die Abgeordneten fremde Sprachen sprechen, die die meisten Wähler nicht verstehen. Dass Debatten im Fernsehen übertragen werden, kommt selten vor. Da überrascht es auch nicht, dass die Bürger nur wenig über das Europaparlament wissen. Gefragt, ob die Mitglieder des Europaparlaments direkt von den Bürgern jedes Mitgliedstaats gewählt werden, erkannten nur 28 % der Bürger, dass diese Aussage richtig ist[3]. Nur 29 % wussten, dass die Europawahlen nicht alle zwei Jahre stattfinden[4]. Entsprechend gering ist die Wahlbeteiligung. Bei der letzten Europawahl (2014) lag sie bei 42 % (in Deutschland 48 %).

Haben die Deutschen Vertrauen zum Europaparlament? Die Antworten schwanken je nach Zeitpunkt und Meinungsforschungsinstitut, aber es ist immer eine Minderheit, die Vertrauen äußert. Bei Eurobarometer waren es 2016 41 %, bei YouGov Poll zuletzt 39 %[5]. Zum Vergleich (YouGov Poll): 71 % vertrauen dem Bundesverfassungsgericht, 62 % dem Bundespräsidenten, 48 % ihrem Landtag und 45 % dem Bundestag. Eurobarometer berichtet auch, dass nur 38 % der Deutschen glauben, dass das Euro-Parlament ihre Interessen vertritt.

Wie sehr das Europaparlament der Kontrolle der Bürger und der Aufmerksamkeit der Medien entzogen ist, zeigte sich 2009, als die Abgeordnetengehälter im Durchschnitt mehr als verdoppelt wurden, ohne dass die Öffentlichkeit davon Kenntnis nahm. Vor 2009 erhielten die Euro-Parlamentarier die gleichen Bezüge wie die Abgeordneten im Parlament ihres Heimatlandes. Die Entscheidung, ob jemand für das nationale oder das europäische Parlament kandidierte, wurde daher nicht durch Gehaltsunterschiede verzerrt. Aber die schlechter bezahlten Europa-Abgeordneten aus den osteuropäischen Ländern, die ja 2004 und 2007 der EU beigetreten waren, forderten „gleichen Lohn für gleiche Arbeit". Daraufhin wurde eine für alle Europa-Abgeordneten einheitliche Besoldung eingeführt, die für 25 von 27 Mitgliedstaaten eine Erhöhung brachte. Nur die italienischen und österreichischen Europa-Abgeordneten mussten Einbußen hinnehmen. Als Ergebnis dieser „Reform" stieg das durchschnittliche Abgeordnetengehalt im Europaparlament um 111 %![6].

Die Europäische Kommission

Tab. 6.4 vergleicht die Zielvorstellungen der Bürger und der EU-Kommission[7]. Leider enthält die zweite Gruppe nicht nur Spitzenbeamte der Kommission, sondern auch Euro-Parlamentarier[8]. Eine Aufschlüsselung lassen die veröffentlichten Daten nicht zu. Während die Mehrheit der Bürger eine stärkere militärische Rolle der EU

Tab. 6.4 Verstärkung der militärischen Organisation. (Quelle: European Elite Survey, Centre for the Study of Political Change, Universität Siena, Mai bis Juli 2006)

Wie stehen Sie zu der folgenden Aussage? „Die Europäische Union sollte ihre militärische Organisation verstärken, um eine größere Rolle in der Welt spielen zu können."		
	Bürger	Spitzenbeamte der EU-Kommission und Euro-Parlamentarier
Stimme zu	46	65
Stimme nicht zu	51	32
Weiß nicht	3	2

ablehnt, ist eine Zwei-Drittel-Mehrheit der Eurokraten dafür. Dabei ist klar, dass die europäische Militärunion auf Kosten der NATO und des atlantischen Bündnisses gehen würde und dass dies auch beabsichtigt ist[9], [10]. Gerade die Kommission hat ein Interesse daran, dass die EU immer mehr Kompetenzen erhält, denn das verschafft ihr mehr Macht und mehr Geld. Auch sie müsste scharf kontrolliert werden. Das ist jedoch schwierig, denn sie entscheidet in nicht-öffentlicher Sitzung und gibt nicht bekannt, welcher Kommissar wie abgestimmt hat oder wie das Stimmenverhältnis war. Die Bürger wissen sehr wenig über die Kommission. Gefragt, ob der Sitz der Kommission in Straßburg ist, antworteten nur 22 % mit Nein[11].

Die Kommission ist von Weisungen unabhängig. Sie kann zwar vom Europaparlament zum Rücktritt gezwungen werden (Artikel 17 EUV). Das hilft jedoch wenig, denn das Europaparlament teilt ja das Zentralisierungsinteresse der Kommissare.

Die Kommission ist in der Lage, jede dezentralisierende Gesetzgebung der EU im Keim zu ersticken, denn sie besitzt das Initiativmonopol für die Gesetzgebung (ebenfalls Artikel 17 EUV). Parlament und Rat können zwar seit 1993 die Kommission auffordern, einen Gesetzentwurf vorzulegen, aber die Kommission hat gleich klargestellt, dass sie sich nicht verpflichtet fühlt, einer solchen Aufforderung nachzukommen[12]. Sie entzieht sich der Kontrolle. Sie verteidigt ihr Monopol mit der Begründung, es gebe nur wenige Fälle, in denen sie einer Aufforderung des Parlaments oder Rates nicht nachgekommen wäre. Das ist leicht zu erklären: es lohnt sich nicht, der Kommission eine Aufforderung zu schicken, wenn man weiß, dass sie ihr sowieso nicht nachkommen wird. Parlament und Rat können die Gesetzgebungsvorschläge zwar abändern, aber die Kommission kann sich meist im Voraus ausrechnen, in welche Richtungen die Änderungen gehen werden. Wenn zu erwarten ist, dass dabei für die Kommission ein Machtverlust herauskommt, wird sie gar nicht erst einen Vorschlag machen. Außerdem kann sie im Notfall gegen unerwünschte Änderungen Protest einlegen. Dann kann der Rat ihren Vorschlag nur einstimmig ändern (Artikel 294 AEUV) – eine sehr hohe, kaum zu überwindende Hürde.

Die Kommission kontrolliert die Gesetzgebung der EU. Deshalb bewegt sich Europa wie in einer Einbahnstraße in Richtung Zentralisierung, Man kann ab und zu anhalten, aber nicht umkehren – selbst wenn man merkt, dass man sich leider verfahren hat.

Dass ein Exekutivorgan wie die Kommission das Vorschlagsmonopol für die Gesetzgebung hat, ist mit demokratischen Grundsätzen nicht zu vereinbaren. Zum einen wird es dem Parlament unmöglich gemacht, die Gesetzgebungsblockade einer Bürokratie zu überwinden. Das Europaparlament ist sicherlich das einzige Parlament in der Welt, das kein Vorschlagsrecht für die Gesetzgebung besitzt. Zum anderen gilt für die Demokratie das klassische Prinzip der Gewaltenteilung. Das heißt, dass die Exekutive möglichst nicht an der Gesetzgebung beteiligt sein sollte. Die Kommission sollte nicht nur kein Vorschlagsmonopol, sondern am besten überhaupt kein Vorschlagsrecht haben. In den USA zum Beispiel dürfen nur die Abgeordneten Gesetzentwürfe einbringen.

Nicht nur in der Gesetzgebung besitzt die Kommission ein Vorschlagsmonopol. Auch manche einfache Entscheidung des Rats setzt einen Vorschlag der Kommission voraus – zum Beispiel die Entscheidung, im Rahmen des sogenannten Stabilitäts- und Wachstumspakts gegen Defizitsünder vorzugehen (Artikel 126 Absatz 6 AEUV). Nur wenn die Kommission das Haushaltsdefizit eines Mitgliedstaates als übermäßig bezeichnet hat, darf der Rat Sanktionen verhängen. Eine unabhängige Bürokratie schreibt den gewählten Regierungen oder Präsidenten der Mitgliedstaaten vor, welche Beschlüsse sie fassen dürfen. Allerdings tut sich auch der Rat schwer, Sanktionen zu verhängen.

In einer Demokratie liegt das Letztentscheidungsrecht bei den Wählern. Wenn zum Beispiel ein Rechts-Links-Spektrum unterstellt wird und eine einfache Mehrheit entscheidet, gibt der mittlere Wähler den Ausschlag. Größter Feind des mittleren Wählers sind die organisierten Interessengruppen, denn sie versuchen, eine andere Politik herbeizuführen, als er für richtig hält. Wie bereits erwähnt kommt eine bekannte Untersuchung zu dem Schluss, dass die Lobbyisten in Brüssel mehr Einfluss haben als in irgendeinem der Mitgliedstaaten[13]. Sichtbarster Ausdruck dieses Einflusses ist die europäische Agrarpolitik und die protektionistische Handelspolitik – vor allem die sogenannte „Anti-Dumping-Politik". Es gibt sogar einen EU-„Wirtschafts- und Sozialausschuss", der nur aus Interessenvertretern besteht und im Rahmen der EU-Gesetzgebung angehört werden muss (Artikel 301 bis 304 AEUV). Er beschäftigt über 500 Mitarbeiter. Auch im Deutschen Bundestag finden gelegentlich Anhörungen von Experten und Interessenvertretern statt, aber eine obligatorische

Beteiligung der Lobbyisten an der deutschen Gesetzgebung wäre doch wohl undenkbar.

Wie drei Umfragen unter Großunternehmen belegen, bevorzugen die Interessenvertreter als Anlaufstelle die Kommission[14], [15], denn es ist viel leichter, unter den 28 Kommissaren eine Mehrheit zu gewinnen, als unter den 751 Abgeordneten des Europaparlaments. Außerdem gehen Bürokraten eher auf die Wünsche von Lobbyisten ein als Politiker, denn Bürokraten brauchen anders als Politiker nicht wiedergewählt zu werden. Politiker, die Interessengruppen Privilegien gewähren, müssen mit der Rache des mittleren Wählers rechnen. Bürokraten kann er so leicht nichts anhaben.

Für die Interessenvertreter ist die EU-Bürokratie meist ein attraktiverer Ansprechpartner als die nationale Ministerialbürokratie, denn die Brüsseler Bürokratie besitzt mehr Macht – auch wegen ihres Vorschlagsmonopols.

Die enge Beziehung zwischen Kommission und Interessengruppen kann man auch daran erkennen, dass viele Kommissare nach ihrem Ausscheiden Interessenvertreter werden. Im Zeitraum 1981–2009 waren es 40 %[16]. Als besonders begehrt haben sich Ex-Kommissare erwiesen, die für die Wettbewerbspolitik, den Binnenmarkt und das Ressort „Wirtschaft und Finanzen" zuständig gewesen waren. Alle Wettbewerbskommissare wurden nach ihrem Abgang als Lobbyisten eingestellt. Sogar der langjährige Kommissionspräsident José Manuel Barroso ließ sich 2016 nach Einhaltung der achtzehnmonatigen Schamfrist von der Investment-Bank Goldman Sachs einspannen.

Wie im Europaparlament deuten auch in der Kommission die überhöhten Gehälter auf einen Mangel an demokratischer Kontrolle hin. Der letzte detaillierte Vergleich stammt aus dem Jahr 2000[17]. Danach war das Nettoeinkommen eines Kommissionsbeamten nach Abzug der Auslandszulage im Durchschnitt um 49 % höher als das eines vergleichbaren deutschen Ministerialbeamten. Nimmt man nicht nur Deutschland, sondern auch Großbritannien (54 %), Dänemark (69 %) und Italien (178 %) in den Vergleich mit auf – andere Länder werden in der Studie nicht betrachtet, so waren die Kommissionsgehälter im Durchschnitt sogar 82 % höher. Kurz vor der ersten Osterweiterung (2004) ist diese Diskrepanz für neu eingestellte Kommissionsbeamte in etwa halbiert worden. Sie ist aber immer noch bemerkenswert.

Wie viel Prozent der Deutschen vertrauen der EU-Kommission? Nach Eurobarometer waren es 2016 nur 35 % verglichen mit 79 % für die deutsche Polizei, 65 % für die Verwaltung der deutschen Länder und Gemeinden und 56 % für die Bundesverwaltung[3].

Der Rat der Europäischen Union

Im Rat der Europäischen Union sitzen die Vertreter der Mitgliedstaaten – zum Beispiel die Minister. Für jedes Ressort gibt es einen eigenen Ministerrat. Am bekanntesten ist der Rat der Finanzminister (Ecofin). Als „Europäischer Rat" wird dagegen der Rat der Staats- und Regierungschefs bezeichnet.

Leider gibt es keine Meinungsumfragen – geschweige denn vergleichende Befragungen – unter den Ministern oder Staats- und Regierungschefs der Mitgliedstaaten. Aber Tab. 6.5 hilft weiter. Zum selben Zeitpunkt wurden Bürger, nationale Ministerialbeamte, nationale und

Tab. 6.5 Mitgliedschaft in der EU (Quelle: EOS Gallup Europe, The European Union: A View from the Top, Special Study, 1996)

So viel der Befragten …				
	Bürger	Nationale Ministerial-beamte	Parlamenta-rier (national und europäisch)	Führende Medienver-treter
… sind für die EU-Mit-gliedschaft ihres Landes	48	96	92	91
… glauben, dass die EU-Mitglied-schaft ihrem Land nützt	43	92	90	86

europäische Parlamentarier sowie führende Medienver-treter[18] gefragt, ob sie erstens dafür sind, dass ihr Land der EU angehört, und ob sie zweitens glauben, dass die Mitgliedschaft in der EU ihrem Land nützt. Auch diese vergleichende Umfrage wurde natürlich nicht von Euroba-rometer – dem Meinungsforschungsinstitut der Europäi-schen Kommission – durchgeführt und bekannt gegeben, sondern von einem unabhängigen privaten Institut – in diesem Fall Gallup.

Betrachtet man die Ergebnisse, so fällt auf, dass nur eine Minderheit die Fragen bejaht, während sie unter den Mit-gliedern der politischen Klasse überwältigende Zustim-mung finden. Noch größer als unter den Parlamentariern und führenden Medienvertretern ist die Begeisterung unter den nationalen Ministerialbeamten. Das ist leicht zu erklären, denn sie arbeiten ihren Ministern zu, dürfen sie häufig begleiten oder sogar im Rat vertreten. Der Rat gibt ihnen und den Ministern die Möglichkeit, auf EU-Ebene durchzusetzen, was zu Hause vielleicht an Widerständen im Kabinett oder Parlament scheitern würde oder bereits gescheitert ist. Dadurch, dass sich die Regierungen aller Mitgliedsländer zusammentun, können sie den Bürgern mehr Vorschriften machen und höhere Steuern abverlangen, denn es wird schwieriger, sich der staatlichen Bevormundung durch Abwanderung zu entziehen. Nicht unwichtig ist außerdem, dass die Minister in Brüssel die Publicity suchen und finden, die sie als Politiker brauchen.

Wir stellen also fest, dass auch die Ratsmitglieder „mehr Europa" wünschen als die Bürger.

Die Ergebnisse von Tab. 6.5 werden durch eine aktuelle Parallelumfrage bestätigt, die das Royal Institute of International Affairs (Chatham House), London, im Juni 2017 unter dem Titel „The Future of Europe: Comparing Public and Elite Attitudes" vorgelegt hat. Danach meinen nur 34 % der Bürger, aber 71 % des Führungspersonals in Politik, Medien und „Zivilgesellschaft", dass die Mitgliedschaft in der EU dem eigenen Land nützt. Gefragt, ob die EU mehr oder weniger Kompetenzen haben sollte als jetzt, sind doppelt so viele Bürger (48 %) für weniger Kompetenzen wie für mehr Kompetenzen (24 %). In der politischen Klasse ist das Mehrheitsverhältnis umgekehrt (weniger EU-Kompetenzen: 31 %, mehr: 37 %).

Der Gerichtshof der Europäischen Union

Es wäre denkbar, dass das Zentralisierungsinteresse des Europaparlaments, der Kommission und des Rates in der richterlichen Kontrolle des EU-Gerichtshofs seine

Grenzen fände. Schließlich sollen die Richter dafür sorgen, dass die von den nationalen Parlamenten gebilligten Verträge eingehalten werden.

Meinungsumfragen unter den EU-Richtern gibt es nicht, würden sich wohl auch nicht mit ihrem Amt vertragen. Aber wir haben bereits im vierten Kapitel gesehen, dass der Gerichtshof zahlreiche Rechtsbrüche durchgehen ließ, die die Zentralisierung verstärkt haben. Der Gerichtshof wird oft als „Motor der Integration" bezeichnet, was sowohl die Marktintegration als auch die „politische Integration" – das heißt die politische Zentralisierung – mit einschließt. Seine Zentralisierungsneigung ist von zahlreichen Rechtswissenschaftlern kritisiert worden[19]. Denn ein Gericht sollte nicht versuchen, ein politisches Programm voranzutreiben. Es sollte die Verträge und die Gesetze objektiv und unparteiisch auslegen.

Offensichtliches Indiz der richterlichen Zentralisierungsneigung ist die Tatsache, dass der Gerichtshof der EU in 69 % der Fälle zugunsten der Kommission und gegen die Mitgliedstaaten entscheidet[20]. Auch wenn man die Tendenz der Stellungnahmen berücksichtigt, die die Kommission und die Mitgliedstaaten dem Gerichtshof im Laufe der Verfahren vorlegen, zeigt die statistische Analyse, dass der Gerichtshof die Kommission gegenüber den Regierungen der Mitgliedstaaten signifikant bevorzugt[21], [22]. Die Regierungen der Mitgliedstaaten sind zwar ebenfalls für eine EU-weite Zentralisierung viel aufgeschlossener als die Bürger – oft können sie sich dadurch per saldo verbessern. Aber sie geben dabei auch Kompetenzen an europäische Institutionen ab. Die Kommission dagegen verliert nichts – sie ist ein reiner Zentralisierungsgewinner. Indem der

Gerichtshof der Kommission den Rücken freihält, sichert er den Zentralisierungsprozess ab. Zum Beispiel hat er von sich aus entschieden, dass jeder Rechtsakt der EU Vorrang vor dem nationalen Recht – selbst vor der nationalen Verfassung – hat, obwohl das gar nicht in den europäischen Verträgen stand. Schritt für Schritt – so der ehemalige Verfassungsrichter Grimm – „nimmt sich die EU Kompetenzen von den Mitgliedstaaten durch eine extensive Vertragsinterpretation. … Ein fundamentaler Grundsatz der Verträge, das Prinzip der begrenzten Einzelermächtigung, ist damit unterhöhlt"[23]. Auch Grimm bezeichnet den Gerichtshof als „treibende Kraft des Integrationsprogramms"[23].

Weshalb ist der Gerichtshof Motor der politischen Zentralisierung? Zwei Erklärungen bieten sich an. Zum einen verschaffen sich die EU-Richter mehr Macht und Prestige, wenn sie die Zuständigkeiten der EU möglichst weit auslegen. Dann können mehr wichtige und interessante Streitfälle von ihnen – statt von den nationalen oder Provinzgerichten – entschieden werden. Zum anderen sind es vor allem die Euromantiker unter den Juristen, die sich auf das Europarecht spezialisieren und für eine Tätigkeit bei der EU interessieren. Das ist die bereits erwähnte Selbstselektion, die wir auch in den anderen europäischen Institutionen beobachten. Ein eingefleischter Euroskeptiker muss schon masochistische Neigungen haben, um sich Tag für Tag mit den Fehlentscheidungen der EU auseinanderzusetzen und sich regelmäßig von seinen Richterkollegen überstimmen zu lassen.

Was die Bürger von der politischen Zentralisierung halten

Aus der politikwissenschaftlichen Literatur ist seit langem bekannt, dass die Menschen – nicht nur in Europa – mit der Politik desto zufriedener sind, je bürgernäher, das heißt dezentraler, die politischen Entscheidungen getroffen werden[24], [25]. Je zentraler die Politik, desto machtloser fühlen sich die Bürger.

Vor fünf Jahren versuchte das Institut für Demoskopie Allensbach herauszufinden, ob dieses Gefühl der Machtlosigkeit von der politischen Entscheidungsebene abhängt[26]. 75 % der Deutschen meinen, „als Bürger keinerlei Einfluss auf die Entscheidungen auf europäischer Ebene" zu haben. Für die Bundespolitik betrug der Anteil 50 %, für die Landespolitik 32 % und für die Lokalpolitik 14 %.

Eurobarometer stellte 2016 fest, dass nur 28 % der Deutschen Vertrauen in die Europäische Union haben, aber 40 % vertrauen der UNO[3]. YouGov Poll berichtete 2013, dass die Zahl derer, die der EU weniger Kompetenzen geben wollen, in Deutschland fast doppelt so groß ist wie die Zahl derer, die der EU mehr Kompetenzen geben wollen[5]. Gefragt, ob die nächste Bundesregierung „Zuständigkeiten von der EU zur nationalen, regionalen oder lokalen Ebene verlagern" sollte, antworteten 50 % mit Ja und 26 % mit Nein. Auf die deutsche Europapolitik hat sich das bisher nicht ausgewirkt. Im Gegenteil, der Marsch in die Haftungsunion hat sich beschleunigt.

Quellenverzeichnis

1. H. Schmitt, J. Thomassen (Hg.), Political Representation and Legitimacy in the European Union, Oxford 1999.
2. Richard Rose, Representing Europeans, Oxford 2013. Alle Ergebnisse beziehen sich auf das Jahr 2009. Bei der Meinungsumfrage handelt es sich um den European Election Survey. Die Klassifizierung der Parteigruppierungen entstammt der Website www.EUprofiler.eu. (S. 97).
3. Standard Eurobarometer, 85, 2016, Anhang.
4. Standard Eurobarometer, 61, 2014, Anhang.
5. Standard Eurobarometer, 85, 2016, Anhang; YouGov Poll, Sept. 2013.
6. Thomas Brändle, „Does remuneration affect the discipline and selection of politicians? Evidence from Pay Harmonization in the European Parliament", Public Choice 162, 2015. (S. 1–24).
7. Veröffentlicht vom Roper Center for Public Opinion Research, MCMISC 2006 – Elite und Transatlantic Trends 2006, Topline Data, Juni 2006.
8. Die Stichprobe enthält 50 Spitzenbeamte der Kommission und 203 Euro-Parlamentarier.
9. Die Euro-Parlamentarier sind überwiegend dafür, dass die Zuständigkeit für die Verteidigung Europas „eher bei der EU als bei der NATO" liegen sollte (47 zu 24 Prozent der Abgeordneten) und dass die Außenpolitik der EU „ein Gegengewicht zu den USA" bilden sollte (47 zu 29 Prozent). Das zeigt Tabelle A3 der Studie von R. Scully, S. Hix und D. Farrell, „National or European Parliamentarians: Evidence from a New Survey of the Members of the European Parliament", Journal of Common Market Studies 41, 2012. (S. 269–288).
10. Ich habe argumentiert, dass der Ausbau zu einer Militärunion die NATO schwächen würde und dass die NATO

aus ökonomischer Sicht günstiger ist als eine rein europäische Verteidigungsorganisation: Roland Vaubel, „Europäische Außen- und Sicherheitspolitik aus politisch-ökonomischer Sicht", in: Thomas Bruha, Carsten Nowak (Hg.), Die Europäische Union: Innere Verfasstheit und globale Handlungsfähigkeit, Baden-Baden 2006. (S. 221–228).

11. Standard Eurobarometer 61, 2004, Anhang.

12. Zum Beispiel Kommissionsdokumente SEC (95) 731, S. 14, und COM (2002) 278. (S. 14 bzw. S. 5).

13. S. S. Andersen, K. A. Eliassen, „European Community Lobbying", European Journal of Political Research, 20, 1991. (S. 178).

14. David Coen, „The Evolution of the Large Firm as a Political Actor in the European Union", Journal of European Public Policy 4, 1997. (S. 91–108).

15. David Coen, European Business and Government Relations, in: D. Coen, W. Grand and G. Wilson (Hg.), The Oxford Handbook of Business and Government, Oxford 2010. (S. 285–306).

16. R. Vaubel, B. Klingen, D. Müller, „There is life after the Commission: An Empirical Analysis of Private Interest Representation by Former EU-Commissioners, 1981–2009", Review of International Organizations 7, 2012. Danach sind es mindestens 39 Prozent. Inzwischen sind wir darauf hingewiesen worden, dass sich ein weiterer Ex-Kommissar – der Däne Henning Christophersen – als privater Interessenvertreter betätigt hat. (S. 59–80).

17. European Commission, Comparative Study of the Remuneration of Officials of the European Institutions, Juni 2000. Vgl. dazu die Berechnungen in meiner Monographie „The European Institutions as an Interest Group", Institute of Economic Affairs, London 2009.

18. Unter den führenden Medienvertretern sind auch Journalisten der staatlichen Fernsehkanäle und Radiosender.

19. 21 Kritiker werden in Fußnote 1 des folgenden Artikels genannt: R. Vaubel, „Constitutional Courts as Promotors of Political Centralization: Lessons for the European Court of Justice", European Journal of Law and Economics 28, 2009. Hinzu kommen die im Kap. 5 zitierten Rechtswissenschaftler. (S. 203–222).

20. A. S. Sweet, T. Brunell, How the European Union's legal system works – and does not work, Yale Law School, Faculty Scholarship Series Paper 68, 2010.

21. C. J. Carruba, M. Gabel und C. Hankla, „Judicial Behavior under Political Constraints: Evidence from the European Court of Justice", The American Political Science Review 102. (S. 435–452).

22. In dieselbe Richtung gehen die empirischen Ergebnisse von Joseph Jupille, „Procedural Politics: Issues, Interests and Institutional Choice in the European Union", Cambridge 2004. (S. 98 ff.).

23. Dieter Grimm, „Europa ja – aber welches?" München 2016. (S. 12, 15, 113).

24. Der „Klassiker" ist Robert A. Dahl und Edward R. Tufte, Size and Democracy, Stanford 1976. Neuere Ergebnisse berichten John Kincaid and Richard Cole, „Citizen Attitudes toward Issues of Federalism in Canada, Mexico and the United States", Publius, Winter 2011. Danach hatten zum Beispiel 2009 62 Prozent der US-Bürger Vertrauen in ihre lokale Regierung, aber nur 50 Prozent vertrauten der Bundesregierung. In Kanada betrug das Verhältnis sogar 64:46.

25. Bas Denters et al. (Size and Local Democracy, Cheltenham 2014), haben festgestellt, dass die Bürger in der Schweiz, den Niederlanden, Dänemark und Norwegen viel zufriedener mit der lokalen Verwaltung sind, wenn die Gemeinde klein ist.

26. Institut für Demoskopie Allensbach, Frankfurter Allgemeine Zeitung, 17.10.2012.

7

Neustart jetzt

Die Austrittsentscheidung der Briten ist ein unübersehbares Signal, dass die atemberaubende Zentralisierungsdynamik der letzten drei Jahrzehnte nicht einfach so weiter gehen kann. Die politische Integration ist nicht unumkehrbar. Außerdem haben die Verhandlungen zwischen der Regierung Cameron und dem Europäischen Rat verdeutlicht, wo der Politik der Schuh drückt und welche Reformen verhandelbar sind.

Im Februar 2016 machte der Rat den Briten ein Angebot, das diese nur mit Mühe ablehnen konnten[1]. Der Rat sollte beim Wort genommen werden. Was er den Briten für den Fall des Verbleibs zugestanden hat, ist unter den Regierungen der Mitgliedstaaten konsensfähig. Weshalb soll, was bei einem Verbleib vernünftig gewesen wäre, nun, nachdem sich die Briten für den Austritt entschieden haben, verkehrt sein? Das Verhandlungsergebnis ist der

© Springer Fachmedien Wiesbaden 2018
R. Vaubel, *Das Ende der Euromantik,*
https://doi.org/10.1007/978-3-658-18563-3_7

bestmögliche Ansatzpunkt für realistische Reformvorschläge.

1. Kein immer engerer Zusammenschluss
Der Rat hat angeboten, das Ziel des „immer engeren
Zusammenschlusses der Völker Europas", das in der Präambel des EU-Vertrags bekräftigt wird, für rechtlich
unverbindlich zu erklären:

> Diese Bezugnahmen [...] beinhalten keinerlei Verpflich-
> tung, dass der Europäischen Union weitere Zuständigkei-
> ten übertragen werden müssten oder dass die Europäische
> Union ihre bestehenden Zuständigkeiten ausüben muss,
> und sie schreiben auch nicht vor, dass der Union übertra-
> gene Zuständigkeiten nicht verringert und somit wieder an
> die Mitgliedstaaten zurück übertragen werden dürften.

Die Europapolitik würde die Bürger weniger beunruhi-
gen, wenn der Europäische Rat oder Rat und Parlament
gemeinsam in einer feierlichen Entschließung erklären
würden, dass sie weder eine weitere Zentralisierung Europas noch „Die Vereinigten Staaten von Europa" anstreben,
sondern vielmehr ein stabiles und effizientes Gleichgewicht suchen. Damit diese feierliche Erklärung glaubwür-
dig ist und in die Praxis umgesetzt werden kann, müssten
allerdings die Mechanismen außer Kraft gesetzt werden,
die in der Vergangenheit den wie es schien unaufhaltba-
ren Zentralisierungsprozess in Gang gesetzt und gehalten
haben.

2. Die parlamentarische Kontrolle verbessern: die „rote Karte"

Als „rote Karte" wird der folgende Vorschlag des Rates bezeichnet:

> Erreicht die Anzahl begründeter Stellungnahmen [der nationalen Parlamente], wonach der Entwurf eines Gesetzgebungsakts der Union nicht mit dem Subsidiaritätsprinzip in Einklang steht und die innerhalb von zwölf Wochen ab der Übermittlung des betreffenden Entwurfs eingegangen sind, mehr als 55 Prozent der den nationalen Parlamenten zugewiesenen Stimmen, so [...] werden die Vertreter der Mitgliedstaaten, die in ihrer Eigenschaft als Mitglieder des Rates handeln [...], den betreffenden Entwurf eines Gesetzgebungsakts nicht weiter prüfen, es sei denn der Entwurf wird dahingehend geändert, dass den in den begründeten Stellungnahmen geäußerten Bedenken Rechnung getragen wird.

Die Parlamente der Mitgliedstaaten konnten schon in der Vergangenheit bei der Kommission Widerspruch gegen zentralisierende Gesetzgebungsvorschläge einlegen, aber die Kommission war nicht verpflichtet, dem Widerspruch stattzugeben. Neu ist, dass der Rat zugesagt hat, solche Vorschläge der Kommission zu ignorieren, zu ändern oder von der Kommission ändern zu lassen. Ob Änderungen der Kommission den Bedenken der nationalen Parlamente Rechnung tragen, werden wiederum diese entscheiden, denn sie können ja auch gegen den geänderten Entwurf der Kommission Bedenken äußern. Nicht ganz klar ist, ob dies auch für Änderungen gilt, die der Rat selbst vornimmt. Denn der Text, der die Änderung des Rates enthält, ist dem Rat nicht von anderen (der Kommission) zur „Prüfung" vorgelegt worden. Ich gehe aber davon aus, dass das Vetorecht der nationalen Parlamente auch für Änderungen des Rates gelten soll.

Die „rote Karte" ist die Antwort auf das Fehlverhalten der Kommission und des Europäischen Parlaments. Wie wir in Tab. 6.2 gesehen hatten, wollen die Kommissare und die Euro-Parlamentarier eine viel stärkere Zentralisierung Europas als die Bürger. Die nationalen Parlamentarier sind da zurückhaltender. Aber auch ihre Zielvorstellungen sind, wie wir in Tab. 6.2 sahen, in Richtung Zentralisierung verzerrt. Deshalb ist es wichtig, dass auch das Volk – der Souverän – über wichtige Gesetzgebungsakte der EU abstimmen kann. Die „Europäische Verfassungsgruppe"[2], [3], der ich angehöre, fordert, dass die EU ein Referendum abhalten muss, wenn dies von mindestens einem Prozent der Wahlberechtigten gewünscht wird oder wenn der Haushalt der EU ein Prozent des Bruttosozialprodukts überschreiten soll. Für Volks- und Bürgerbegehren würden zwölf Wochen natürlich nicht reichen.

Anstelle der „roten Karte" befürwortet die Europäische Verfassungsgruppe eine Zweite Kammer des Europaparlaments, deren Mitglieder von den nationalen Parlamenten delegiert werden. Denn es ist leichter, eine Mehrheit in einer Zweiten Kammer zu mobilisieren als eine (gewichtete) Mehrheit der nationalen Parlamente. Wenn die nationalen Parlamente Abgeordnete in die Zweite Kammer des EU-Parlaments delegieren, stellt sich jedoch das Problem, dass vor allem „Euromantiker" in die Zweite Kammer entsandt werden möchten. Um eine solche Selbstselektion auszuschalten, schlägt die Europäische Verfassungsgruppe vor, dass die Fraktionen in den nationalen Parlamenten ihre Delegierten durch das Los bestimmen. Schaut man in die Verfassungsgeschichte, so sind Losverfahren keineswegs unüblich. Sie spielten zum Beispiel in der athenischen Demokratie und in der Republik Venedig eine wichtige Rolle.

3. Dezentralisierung ermöglichen

Wie bereits erwähnt, hat der Rat die Möglichkeit eingeräumt, dass „der Union übertragene Zuständigkeiten [...] wieder an die Mitgliedstaaten zurück übertragen werden." Wo sich gemeinsame Politiken nicht bewährt haben, sollte eine Repatriierung der Zuständigkeiten möglich sein. Dazu wäre es unerlässlich, dass die Kommission ihr Vorschlagsmonopol für die Gesetzgebung verliert. Denn sonst bleibt es bei der Einbahnstraße in Richtung Zentralisierung. Es genügt aber nicht, das Vorschlagsrecht nur dem Europäischen Parlament zu geben, denn die Euro-Parlamentarier teilen ja das Zentralisierungsinteresse der Kommission. Auch der Rat und eine Mindestanzahl der nationalen Parlamente sollten das Vorschlagrecht erhalten. In der Schweiz können sogar die Bürger selbst Gesetzgebungsvorschläge einbringen (Volksinitiative).

Alle diese Änderungen des Vorschlagsrechts bewirken jedoch wenig, wenn die Zuständigkeiten nur mit Zustimmung des Europäischen Parlaments repatriiert werden dürfen. Die „rote Karte" hilft hier nicht weiter, denn sie gibt den nationalen Parlamentariern nur das Recht, Zentralisierung zu verhindern. Dezentralisieren können sie damit nicht. Die Europäische Verfassungsgruppe sieht deshalb vor, dass der Rat und die von ihr vorgeschlagene Zweite Kammer des Europäischen Parlaments gemeinsam Verordnungen und Richtlinien ändern dürfen, wenn es darum geht, Zentralisierung rückgängig zu machen. Der Reformvorschlag des Rates sieht aber keine Zweite Kammer vor. Wenn Repatriierungen trotzdem möglich sein sollen, was der Rat ja will, müssten die nationalen Parlamente auch das Recht erhalten, mit Zustimmung des Rates erfolglosen EU-Politiken ein Ende zu bereiten. Oder Zuständigkeiten, die sich nicht bewährt haben, werden per Volksabstimmung repatriiert.

4. Flexible Zusammenarbeit

Der Rat erkennt an, dass Großbritannien „nicht zu einer weiteren politischen Integration in die Europäische Union verpflichtet ist". Das bedeutet, dass die Briten, wenn sie in der EU geblieben wären, das Recht gehabt hätten, sich an weiteren Zentralisierungsschritten nicht zu beteiligen.

Weshalb ist dieses „Opt-out-Recht" nur den Briten zugestanden worden? Dass nur diejenigen an Gemeinschaftsprojekten teilnehmen, die dies wünschen, ist ein bewährtes liberales Prinzip. Zum Beispiel gilt es bereits für die Währungsunion, den Schengen-Raum, die justizielle Zusammenarbeit und die Sicherheitspolitik. Außerdem ist es in Artikel 20 EUV verankert.

Die Gegner einer solchen flexiblen Zusammenarbeit befürchten, dass der politische Entscheidungsprozess zu kompliziert und zu unübersichtlich wird, wenn jeder Mitgliedstaat frei „à la carte" entscheiden kann, ob er sich an einer bestimmten EU-Politik beteiligt oder nicht. Der Einwand hätte Gewicht, wenn das Recht sich nicht zu beteiligen für jede einzelne Richtlinie und Verordnung gelten würde. Er ist jedoch wenig überzeugend, wenn es um ganze Politikbereiche wie die Währungsunion oder das Zuwanderungsregime geht.

5. Steuerung der Zuwanderung

Der Rat hält es für „legitim … Maßnahmen zur Begrenzung von Arbeitnehmerströmen vorzusehen, wenn diese ein derartiges Ausmaß annehmen, dass sie negative Auswirkungen sowohl für die Herkunftsmitgliedstaaten als auch für die Bestimmungsmitgliedstaaten haben". Er betont, dass die Freizügigkeit nach Artikel 45 AEUV „aus Gründen der öffentlichen Ordnung, Sicherheit und Gesundheit eingeschränkt werden" kann. Was die Einwanderung in die Sozialsysteme angeht, enthält sein Angebot aber nur zwei konkrete Neuerungen. Zum einen können sich die Zahlungen für Kinder, die in einem anderen Mitgliedstaat wohnen, an dem dort üblichen Leistungsniveau orientieren. Zum anderen „könnte der Rat den betreffenden Mitgliedstaat ermächtigen, den Zugang zu nicht durch Beiträge finanzierten Lohnergänzungsleistungen in dem erforderlichen Umfang zu beschränken" – und zwar „für einen Zeitraum von bis zu vier Jahren ab Aufnahme der Beschäftigung". Die Ermächtigung würde für jeweils sieben Jahre erteilt.

Dieses Zugeständnis des Rates war für die Briten von geringem Wert, denn die Ermächtigung hätte von Fall zu Fall vom Rat mit qualifizierter Mehrheit erteilt werden müssen. Im Rat besitzen die Osteuropäer eine Sperrminorität[4]. Sie hätten ihre Zustimmung vermutlich verweigert. Es ist nicht in ihrem Interesse, dass ihre

Staatsangehörigen in Großbritannien geringere Sozialleistungen erhalten. Das Angebot des Rates war also in dieser Hinsicht eine Mogelpackung, und die Briten haben das durchschaut. Das unzureichende Entgegenkommen der EU in der Frage der Zuwanderung erklärt zu einem großen Teil den Ausgang des Referendums. Der Austritt hätte verhindert werden können, wenn man den Briten die Letztentscheidung über die Zuwanderung zugestanden hätte. Wahrscheinlich hätte es schon gereicht, ihnen die Entscheidung zu überlassen, welche Sozialleistungen Zuwanderer bekommen können. Aber dafür gab es im Rat nicht die notwendige Mehrheit.

Es ist eine Ironie der Geschichte, dass die Osterweiterung, die ja gerade von den Briten befürwortet wurde, nun zum Austritt Großbritanniens – oder zumindest Englands – führt. London hatte gehofft, die Osterweiterung werde die Zentralisierung der EU bremsen, weil die Osteuropäer andere Interessen haben und die Einigung auf eine gemeinsame Politik der EU daher schwerer fällt. Nun richtet sich die osteuropäische Sperrminorität gegen die Briten.

In den anderen Politikbereichen ist der Widerstand der osteuropäischen Regierungen gering. Sie stimmen seltener gegen Gesetzgebungsakte des Rates als die anderen Regierungen[5]. Das mag zum Teil daran liegen, dass sie neu und unerfahren sind. Es fällt aber auch auf, dass die europäischen – im Vergleich zu den eigenen nationalen – Institutionen in Osteuropa viel populärer sind als in den anderen EU-Ländern[6]. Ein Grund könnte sein, dass die heimischen Politiker immer noch als korrupt gelten und der wirtschaftliche Aufholprozess nicht so schnell vorankommt wie erhofft. Zu berücksichtigen ist auch, dass die

Osteuropäer durch die Struktur- und Agrarpolitik der EU viel mehr Geld von der EU erhalten, als sie einzahlen. Unter den Nettoempfängern der EU belegen sie die vordersten Plätze[7].

Nach Artikel 50 EUV muss das Ergebnis der britischen Austrittsverhandlungen vom Rat mit qualifizierter Mehrheit gebilligt werden. Die Osteuropäer besitzen also auch hier eine Sperrminorität. Sie können nun zwar nicht mehr verhindern, dass Großbritannien die Zuwanderung beschränkt, aber sie können – wenn es um den britischen Zugang zum Binnenmarkt der EU geht – einen hohen Preis verlangen. Beschränkungen des Handels und Kapitalverkehrs mit Großbritannien schaden ihnen jedoch auch selbst. Sie brauchen ausländisches – auch britisches – Kapital, um ihre Volkswirtschaften zu modernisieren. Die osteuropäische Wirtschaft finanziert sich in großem Umfang über das internationale Bankgeschäft, dessen europäische Drehscheibe London ist[8].

Auf Dauer werden die osteuropäischen Mitgliedstaaten ihre Blockadepolitik nicht aufrechterhalten können, denn längerfristig stehen auch die von ihnen empfangenen EU-Mittel zur Disposition. An einer Reform des Zuwanderungsrechts ist ja nicht nur Großbritannien interessiert. Auch in anderen Einwanderungsländern der EU regt sich Widerstand. Die derzeitige Finanzierungsperiode reicht noch bis 2020. In den Neuverhandlungen des mehrjährigen Finanzrahmens könnten die Nettozahler eine Verkleinerung der Strukturfonds und eine andere Verteilung der Mittel durchsetzen. Spätestens dann dürfte die Einwanderung in die Sozialsysteme wirksam begrenzt werden. Wie in der Mogelpackung des Rates werden dabei die

Lohnergänzungsleistungen und das Kindergeld im Vordergrund stehen. Insofern ist der Vorschlag des Rates auch im Bereich der Zuwanderungspolitik wegweisend.

6. Reform der Währungsunion

Das Angebot des Rates an die Regierung Cameron enthielt keine Vorschläge für die Reform der Währungsunion, denn Großbritannien ist am Euro nicht beteiligt. Cameron erhielt jedoch vier Zusicherungen:

1. Kein Brite und keine britische Bank werde aufgrund der Währung diskriminiert werden.
2. Großbritannien hafte nicht für die Eurozone.
3. Aus der Bankenunion würden Großbritannien keine Verpflichtungen erwachsen.
4. Die britische Regierung könne wie bisher ohne Stimmrecht an den Ratssitzungen der Eurozone teilnehmen.

Dies waren Klarstellungen, keine Reformvorschläge.

Kap. 2, 3 und 4 haben hoffentlich deutlich gemacht, dass die Währungsunion reformbedürftig ist. Dabei kann man unterscheiden: Einige Reformen könnte die EZB selbst beschließen, andere verlangen eine Änderung der EU-Gesetzgebung, und eine dritte Gruppe von Reformen können die Mitgliedstaaten nur verwirklichen, indem sie die Verträge ändern.

A) Was die EZB von sich aus verbessern könnte

1. Am einfachsten wäre der folgende Schritt: Der Präsident der EZB erklärt, dass er in Zukunft nicht mehr an den Sitzungen politischer Gremien teilnehmen wird.

Zwar kann ihn der Euro-Rat gemäß seiner Geschäftsordnung zu den Sitzungen einladen. Aber es steht Draghi frei, solche Einladungen abzulehnen. Das würde
politische Unabhängigkeit demonstrieren, seine Glaub-
würdigkeit erhöhen und das Vertrauen in die EZB stärken. Fragwürdige Deals zwischen den Politikern und
der zur Unabhängigkeit verpflichteten Notenbank würden erschwert, wenn auch natürlich nicht unmöglich
gemacht.

2. Der EZB-Rat sollte öffentlich erklären, dass er den
   Regierungen der Mitgliedstaaten in Zukunft keine
   wirtschaftspolitischen Bedingungen mehr stellen wird.
   Weder für Anleihekäufe noch für Notfallkredite an
   Banken darf die EZB wirtschaftspolitische Gegenleistungen fordern. Die EZB entscheidet über die Geldpolitik und neuerdings die Bankenaufsicht, aber nicht
   über die anderen Bereiche der Wirtschaftspolitik.

3. Der EZB-Rat sollte für alle Zukunft darauf verzichten, seine geldpolitischen Entscheidungen – zum Beispiel den Kauf von Staatsanleihen – davon abhängig zu
   machen, ob der betreffende Mitgliedstaat ein Programm
   mit dem Euro-Fonds oder einer anderen von Politikern
   kontrollierten Institution vereinbart hat und einhält.
   Solche Bedingungen vertragen sich nicht mit der Unabhängigkeit der Zentralbank.

4. Der EZB-Rat sollte jedes Mal öffentlich Protest einlegen, wenn ein Regierungsmitglied geldpolitische Emp-
   fehlungen äußert. Denn das ist, wie wir gesehen haben,
   nicht erlaubt.

5. Der EZB-Rat sollte beschließen, in Zukunft keine
   Staatsanleihen mehr zu erwerben oder nur noch ein

repräsentatives Portefeuille aller am Markt gehandelten Anleihen zu kaufen. Dadurch würde sichergestellt, dass die Anleihekäufe geldpolitisch motiviert sind und nicht eine monetäre Staatsfinanzierung bezwecken. Ob die Zentralbank ein repräsentatives Marktportefeuille kauft, kann nur überprüft werden, wenn sie lückenlos offenlegt, welche Anleihen sie in welchem Umfang gekauft hat. Das ist bisher nicht der Fall. Es mangelt an Transparenz.

6. Der EZB-Rat sollte sein ANFA-Abkommen und seine Vereinbarung über die Notfall-Liquiditätshilfe widerrufen. Die Möglichkeit einer national zu verantwortenden Notfall-Kredithilfe ist von den nationalen Zentralbanken massiv missbraucht worden. Um dagegen vorzugehen, hätte es im EZB-Rat einer qualifizierten Mehrheit bedurft, die jedoch in dieser Frage noch nie erreicht wurde. Gelingt es nicht, die Notfall-Liquiditätshilfe abzuschaffen, wäre auch schon viel gewonnen, wenn nicht nur eine qualifizierte Mehrheit, sondern jedes einzelne Mitglied des EZB-Rates Veto einlegen könnte.

7. Der EZB-Rat sollte zu der Definition der Preisstabilität zurückkehren, die er ursprünglich selbst zugrunde gelegt hatte. Ziel war eine Inflationsrate zwischen null und zwei Prozent. Das heutige Punktziel von 1,9… ist nicht nur kurios, sondern auch willkürlich, übergenau und zu hoch. Es ist so genau, dass es nie erreicht werden kann und daher auch nicht ernst genommen wird.

8. Der EZB-Rat sollte seine aufsichtsrechtlichen Aktivitäten auf das vorgeschriebene Minimum beschränken. Denn die EU-Verordnung über die Bankenaufsicht entbehrt einer tragfähigen Rechtsgrundlage, und die EZB

ist für die Bankenaufsicht nicht geeignet. Zum Beispiel sollte der EZB-Rat ganz darauf verzichten, auch kleinere Banken zu beaufsichtigen, und er sollte die Schließung von Banken ganz der Abwicklungsbehörde der Eurozone und der EU-Bankenaufsichtsbehörde EBA überlassen.

B) Änderungen der EU-Gesetzgebung

1. Die Verordnung, der die EZB ihre Zuständigkeit für die Bankenaufsicht verdankt, kann und sollte vom Rat der EU wieder aufgehoben werden. Der Rat kann darüber nur einstimmig entscheiden, aber die Zustimmung des Europaparlaments ist nicht notwendig (Artikel 127 AEUV). Es brauchte ja auch nicht zuzustimmen, als die Verordnung erlassen wurde. Da Artikel 127 keine tragfähige Rechtsgrundlage für die Bankenaufsicht der EZB ist, könnte die Verordnung auch vom Bundesverfassungsgericht oder vom Gerichtshof der EU kassiert werden. Es wurden bereits Klagen eingereicht.

2. Unter Juristen besteht keine Einigkeit, ob einzelne Eurostaaten aus der Währungsunion austreten dürfen, ohne die Europäische Union zu verlassen. Martin Seidel bejaht die Austrittsmöglichkeit:

Das geschriebene Unionsrecht sieht weder den Ausschluss noch den freiwilligen Austritt expressis verbis vor. [...] Der freiwillige Austritt aus der Währungsunion, der inzwischen allgemein als ungeschriebenes Recht der Europäischen Union für zulässig erachtet wird, ist nicht von der Zustimmung der anderen Mitgliedstaaten abhängig. [...] Ein Mitgliedstaat der Währungszone, dessen wirtschaftliches

Leben nur außerhalb der Währungszone möglich ist, hat nach dem Unionsrecht einen Anspruch darauf, dass der Rat – in der Zusammensetzung der Staats- und Regierungschefs – sein Land von dem territorialen Geltungsbereich der Geldpolitik ausnimmt. [Er] kann verlangen, dass die anderen Mitgliedstaaten ihn bei der Durchsetzung seines Austrittsbegehrens nicht behindern, die erforderlichen Rechtsakte nicht verweigern[…][9]

Erforderlichenfalls könne er die Währungsunion sogar ohne diese Rechtsakte verlassen „und den damit verbundenen Verstoß gegen vorrangiges Unionsrecht als durch die Notsituation legitimiert betrachten."[9]

Die Gegenmeinung beruft sich auf Artikel 49 der EZB-Satzung, der „die unwiderrufliche Festlegung der Wechselkurse" betrifft. Danach stellt der EZB-Rat sicher, „dass Banknoten, die auf Währungen mit unwiderruflichen Wechselkursen lauten, von den nationalen Zentralbanken zu ihrer jeweiligen Parität umgetauscht werden". Aber gilt dies auch für eine neue nationale Währung – zum Beispiel eine „Parallelwährung", die neben dem Euro umläuft, ohne gesetzliches Zahlungsmittel zu sein? Für die neue Währung hat es bisher keinen Wechselkurs gegeben. Er kann infolgedessen auch nicht widerrufen werden. Die Frage des Widerrufs oder der Unwiderruflichkeit des Wechselkurses stellt sich für eine neue Währung nicht.

In diesem Zusammenhang ist interessant, dass Wolfgang Schäuble im Juni 2015, als es um das dritte Griechenland-Paket ging, nach eigenem späteren Bekunden[10] selbst im Ministerrat einen vorübergehenden Euro-Austritt Griechenlands ins Gespräch brachte und dafür Unterstützung bei 14 seiner 18 Kollegen erhielt. Von einer Vertragsänderung war damals nicht die Rede. Wie zu erwarten sprachen sich die Regierungschefs schon am nächsten Tag gegen diese Idee aus. Wenn man bedenkt, wie sehr Schäuble von Anfang an für den Zusammenhalt des Währungsraums gekämpft hatte, wird man diese Aktion für einen seiner zahlreichen Versuche halten müssen, den Kritikern den Wind aus den Segeln zu nehmen, die Wähler in die Irre zu führen und den „Schwarzen Peter" an Andere weiter zu reichen. Die Kanzlerin übernahm die Verantwortung für das dritte Griechenland-Paket.

Ganz abgesehen vom Europarecht bietet das sogenannte „Maastricht-Urteil" des Bundesverfassungsgerichts[11] eine Handhabe, das deutsche Zustimmungsgesetz zur Währungsunion wegen Fortfalls der Geschäftsgrundlage für nicht anwendbar zu erklären. Die Richter urteilten 1993:

> „Die Konzeption der Währungsunion als Stabilitätsgemeinschaft ist Grundlage und Gegenstand des deutschen Zustimmungsgesetzes. Sollte die Währungsunion die bei Eintritt in die dritte Stufe vorhandene Stabilität nicht kontinuierlich im Sinne des vereinbarten Stabilisierungsauftrags fortentwickeln können, so würde sie die vertragliche Konzeption verlassen" (Randziffer 148). „Stellt sich heraus, dass die gewollte Währungsunion in der Realität [...] nicht zu verwirklichen ist, bedarf es einer erneuten politischen Entscheidung, wie weiter vorgegangen werden soll" (Randziffer 151).

Im Klartext: wenn sich die Währungsunion in Zukunft zu einer Inflationsgemeinschaft entwickelt, gibt es für die deutsche Beteiligung keine Rechtsgrundlage mehr, und der Bundestag kann – ja muss – feststellen, dass Deutschland nicht mehr Mitglied der Währungsunion ist.

3. Seit dem Euro-Beitritt Litauens im Jahr 2015 gilt im EZB-Rat ein Rotationsverfahren, das bereits 2003 auf Vorschlag der EZB vom Rat festgelegt wurde. Die nationalen Zentralbankpräsidenten nehmen zwar nach wie vor an allen Sitzungen teil und besitzen auch stets Rederecht, aber sie sind nicht immer stimmberechtigt. Jeden Monat wechseln die Stimmrechte. In der Gruppe der großen Volkswirtschaften, zu denen Deutschland gehört, ist der Zentralbankpräsident nur in vier von fünf Monaten stimmberechtigt, in der Gruppe der kleinen Volkswirtschaften in elf von 14 Monaten. Diese Regelung ist offensichtlich unsinnig.

Zum einen wird der Entscheidungsprozess nicht wie behauptet vereinfacht, sondern verkompliziert. Er würde vereinfacht, wenn die nicht stimmberechtigten Zentralbankpräsidenten – wie ursprünglich beabsichtigt – den Sitzungen fern bleiben würden. Dann gäbe es weniger Wortmeldungen und eine stärker konzentrierte Diskussion. Da aber weiterhin alle teilnehmen und mitreden, muss jeden Monat neu geklärt werden, welche der Anwesenden gerade stimmberechtigt sind. Das ist mehr als lästig.

Zum anderen leidet die Stabilität der Geldpolitik. Die verschiedenen Zentralbankpräsidenten haben durchaus unterschiedliche Zielvorstellungen für die Geldpolitik und die Inflationsrate. Je nachdem, ob gerade mehr „Tauben" oder mehr „Falken" stimmberechtigt sind, kann die von der Mehrheit angestrebte Inflationsrate und geldpoliti-sche Ausrichtung stark schwanken. In einer Simulation ergab sich, dass die von der Mehrheit angestrebte Infla-tionsrate aufgrund der Rotation von einem Monat auf den anderen um über drei Prozentpunkte steigen oder fallen kann[12]. Die Schwankungen führen dazu, dass die Geldpolitik der EZB noch unberechenbarer und kontro-verser wird, denn ein stabiler Kompromiss kommt nicht zustande.

Die rotationsbedingte Instabilität der Geldpolitik wäre geringer, wenn ausgeschlossen würde, dass Zentralbankprä-sidenten mit ähnlichen Zielvorstellungen – zum Beispiel der Deutsche, der Österreicher und der Niederländer – gleichzeitig aussetzen müssen. Aber dafür wird es im Euro-päischen Rat keine qualifizierte Mehrheit geben. Eine Verkleinerung des Zentralbankrats – ohne monatliche Rotation – wäre natürlich sinnvoll. Aber dazu wird es aus politischen Gründen nicht kommen. Es ist ja auch nicht gelungen, die Kommission – das Gremium der EU-Kom-missare – zu verkleinern. Man kann nur hoffen, dass das Rotationsverfahren irgendwann wieder aufgegeben wird.

C) Änderung der europäischen Verträge

1. Die Mitgliedstaaten könnten in den Verträgen oder in der Satzung der EZB definieren, was sie mit Preisstabili-tät meinen. Sie könnten das Punktziel der EZB – 1,9… Prozent Inflation – aufheben und durch eine vernünfti-gere Zielvorgabe ersetzen.

2. Die Mitgliedstaaten könnten – wie in Deutschland gele-gentlich vorgeschlagen – im EZB-Rat den Zentralbank-Präsidenten der größeren Euro-Staaten ein größeres

Stimmgewicht geben. Die Stimmgewichte könnten zum Beispiel dem Anteil der Bevölkerung entsprechen.

3. Die Mitgliedstaaten könnten der EZB verbieten, Staatsanleihen zu kaufen, Notfall-Liquiditätshilfe anzubieten und dafür wirtschaftspolitische Bedingungen zu stellen. Die meisten Fehlentwicklungen, die sich in der Geldpolitik eingestellt haben, könnten durch Ergänzung der EZB-Satzung korrigiert werden. Die Satzung ist als Protokoll zu den Verträgen konzipiert.

4. Die Mitgliedstaaten könnten festlegen, dass einzelne Teilnehmer der Währungsunion unter bestimmten Bedingungen austreten dürfen oder müssen, ohne die EU zu verlassen. Ein solches Austrittsrecht gibt es zum Beispiel bereits im Bereich der „strukturierten" militärischen Zusammenarbeit:

> Wünscht ein teilnehmender Mitgliedstaat, von der ständigen strukturierten Zusammenarbeit Abstand zu nehmen, so teilt er seine Entscheidung dem Rat mit, der zur Kenntnis nimmt, dass die Teilnahme des betreffenden Mitgliedstaats beendet ist (Artikel 46 Absatz 5 EUV).

Ungeklärt ist die Frage, ob die Einführung einer nationalen Parallelwährung der Vertragsänderung bedarf. Mehrere Ökonomen haben für den Fall einer Euro-Inflation vorgeschlagen, eine kaufkraftgesicherte Parallelwährung einzuführen[13]. Nach Artikel 128 AEUV sind die Euro-Banknoten in der Eurozone das einzige gesetzliche Zahlungsmittel. Aber eine Parallelwährung ist kein gesetzliches Zahlungsmittel: niemand ist gezwungen, sie anzunehmen. Die EU-Kommission schreibt dazu:

Innerhalb des Eurogebiets hat nur der Euro den Status des gesetzlichen Zahlungsmittels. [...] Das bedeutet, dass der Gläubiger – wenn das Zahlungsmittel nicht ausdrücklich im Vertrag vereinbart wurde – dazu verpflichtet ist, Euros anzunehmen, und dass der Schuldner dadurch seine Zahlungsverpflichtung erfüllt hat. Die Vertragspartner sind jedoch frei, die Verwendung anderer offizieller ausländischer Währungen zu vereinbaren. [...] Das gleiche gilt für privat emittiertes Geld. [...] Obwohl es keine offizielle Währung ist und nicht den Status eines gesetzlichen Zahlungsmittels besitzt, dürfen Vertragspartner vereinbaren, es als privates Geld zu verwenden [...][14].

Haben die nationalen Zentralbanken der Eurozone auch das Recht, kaufkraftgesicherte Parallelwährungen in Umlauf zu bringen? Nach Artikel 128 AEUV sind die nationalen Zentralbanken zur Ausgabe von Euro-Banknoten „berechtigt". Aber daraus folgt nicht, dass sie *nur* auf Euro lautende Banknoten in Umlauf bringen dürfen. Die Ausgabe von Parallelwährungsmünzen steht den Mitgliedstaaten nach Artikel 128 ebenfalls frei. Es gibt also verschiedene Möglichkeiten, sich vor einer Euro-Inflation zu schützen.

5. Durch eine Änderung der Verträge könnte schließlich die derzeitige „Große Währungsunion" in mehrere kleine Währungsunionen aufgeteilt werden. Es kann ja nicht ernsthaft behauptet werden, dass die heutige Eurozone ein „optimales Währungsgebiet" ist.

Welche Länder können am ehesten auf die Möglichkeit verzichten, ihre gegenseitigen Wechselkurse anzupassen?

Ihre Volkswirtschaften müssen relativ ähnlich sein, sodass sich Angebot und Nachfrage ähnlich entwickeln und es daher zwischen ihnen nicht zu Änderungen der internationalen Wettbewerbsfähigkeit kommt, die durch Auf- oder Abwertung korrigiert werden müssen. Wenn sich das Preisniveau in den teilnehmenden Ländern ähnlich entwickelt, ist es der gemeinsamen Zentralbank auch möglich, die Inflation gleichzeitig in allen Ländern der Währungsunion niedrig zu halten oder Preissteigerungen ganz zu vermeiden. Die Unterschiede in den Inflationsraten der Euroländer zeigen daher an, welche teilnehmenden Länder am wenigsten zusammenpassen[15].

Interessanterweise sind zu große Unterschiede zwischen den Inflationsraten auch in der Währungsgeschichte der Hauptgrund dafür gewesen, dass Länder aus einer Währungsunion austraten oder die Währungsunion ganz zusammenbrach[16].

Tab. 7.1 berichtet die in Euro gemessenen Inflationsraten der einzelnen teilnehmenden Länder im Zeitraum 1999–2016[17]. Besonders ungeeignete Mitglieder der Währungsunion sind die Länder, deren Inflationsraten am stärksten vom Durchschnitt abweichen. Das sind zum einen die Länder mit den höchsten Inflationsraten: die Slowakei, Litauen, Estland und Lettland. Auf der anderen Seite sind es die Länder, die die niedrigsten Inflationsraten hatten: Deutschland, Frankreich und Finnland.

Was zählt, ist nicht nur die Rangfolge. Es kommt auch auf die Abstände an. Die Abstände zwischen Lettland und dem nächst platzierten Land (Spanien) sowie zwischen Finnland und dem nächst platzierten Land (Zypern) sind besonders groß. An diesen Stellen sind daher die Scheidelinien gezogen.

Tab. 7.1 Anstieg des Harmonisierten Verbraucherpreisindex in den Ländern der Eurozone, 1999–2016. (Quelle: eigene Berechnungen)

Land	Insgesamt	Pro Jahr
Slowakei	171,3	6,05
Litauen	81,7	3,58
Estland	75,1	3,35
Lettland	66,3	3,04
Spanien	44,9	2,21
Irland	41,0	2,04
Slowenien	40,9	2,04
Luxemburg	40,7	2,03
Portugal	40,4	2,02
Malta	39,4	1,97
Griechenland	37,7	1,90
Österreich	37,6	1,90
Belgien	37,5	1,89
Italien	36,6	1,85
Niederlande	36,3	1,84
Zypern	35,6	1,81
Finnland	30,4	1,57
Deutschland	26,6	1,40
Frankreich	26,5	1,39

Das Ergebnis ist kein Zufall – man kann es erklären. Die vier osteuropäischen Staaten – in etwas geringerem Maße auch Slowenien – befinden sich in einem Aufholprozess. Sie wachsen viel stärker als die anderen Länder. Das führt dazu, dass sich ihre Güter im Vergleich zu den Gütern anderer Länder verteuern[18]. Auf der anderen

Seite war Deutschland das Land mit der stärksten Kosten-
disziplin – deshalb hatten wir die zweitniedrigste Inflationsrate.

Wenn man die Eurozone sinnvoll aufteilen will, kommt
es natürlich auch darauf an, welche Länder Nachbarn
sind oder zumindest in der Nähe liegen. Die drei baltischen Länder sind Nachbarn, Deutschland und Frankreich auch. Aber Deutschland und Frankreich bilden den
geografischen Kern der Eurozone – ohne sie ist eine Währungsunion der anderen westeuropäischen Staaten kaum
denkbar. Von den westeuropäischen Staaten passen – wie
Tab. 7.1 zeigt – am besten die Niederlande, Italien, Belgien und Österreich zu Deutschland, Frankreich und
Finnland, und auch auf Luxemburg, das ja schon immer
eine Wirtschaftsunion mit Belgien bildete, wird man nicht
verzichten wollen. Es sind also die sechs Gründerstaaten
der EWG plus Finnland und Österreich, die den ökonomisch geeigneten Kern der westeuropäischen Währungsunion ausmachen.

Tab. 7.1 berichtet langjährige Durchschnitte. Zurzeit
sieht es in Frankreich, Italien und Finnland anders aus.
In allen drei Ländern ist das Preisniveau zu hoch. Ihre
internationale Wettbewerbsfähigkeit hat gelitten. Sie sind
Abwertungskandidaten. Zulauf haben Parteien, die den
Austritt aus der Währungsunion fordern. Zu einer Neu-
ordnung der Währungsunion wird es nach meiner Über-
zeugung nur kommen, wenn die Franzosen selbst die Lust
am Euro verlieren.

* * *

Allen Vertragsänderungen, die in diesem Abschnitt diskutiert worden sind, ist gemeinsam, dass sie auf absehbare Zeit wenig wahrscheinlich sind. Wahrscheinlicher ist, dass Deutschland dem Drängen Frankreichs und Italiens nachgibt, für die Eurozone ein gemeinsames Schatzamt und eine gemeinsame Einlagensicherung zu schaffen. Dann würde sich der Marsch in die Haftungsunion fortsetzen. Die nationalen Haushaltspläne müssten vom Euro-Schatzamt – das heißt von einem Brüsseler Kommissar oder vom ESM genehmigt werden. Die europäischen Institutionen hätten nicht mehr nur die Aufgabe, die Einhaltung der Defizitregeln zu überwachen – sie würden auch in die Haushaltspläne der Mitgliedstaaten hineinregieren und das Budgetrecht der nationalen Parlamente Schritt für Schritt aushöhlen. Eine bürgernahe Politik sieht anders aus.

Weiter so? Oder doch lieber Neustart jetzt?

Quellenverzeichnis

1. Schlussfolgerungen des Europäischen Rates vom 18./19. Februar 2016 (EUCO 1/16). Das Dokument enthält am Ende eine Zusage der Kommission, zwei Vorschläge für die Gesetzgebung vorzulegen.
2. Eine Zusammenfassung der Vorschläge der Europäischen Verfassungsgruppe (European Constitutional Group) kann man in dem folgenden Zeitschriftenartikel nachlesen: Peter Bernholz, Friedrich Schneider, Roland Vaubel, Frank Vibert, „An Alternative Constitutional Treaty for the European Union", Public Choice 91, 2004. (S. 451–468).

3. Eine Kurzfassung ihrer aktuellen Vorschläge ist in dem Offenen Brief enthalten, den die Gruppe im Dezember 2015 an den EU-Ratspräsidenten Donald Tusk geschrieben hat. Die deutsche Fassung befindet sich im Blog: http://wirtschaftlichefreiheit.de/wordpress/?p=18439# more-18439/

4. Die osteuropäischen Staaten Bulgarien, Estland, Kroatien, Lettland, Litauen, Polen, Rumänien, Slowakei, Slowenien, Tschechische Republik und Ungarn verfügen zusammen über 108 der 352 Ratsstimmen. Schon 99 Stimmen reichen aus, um eine qualifizierte Mehrheitsentscheidung zu verhindern (vgl. Artikel 16 EUV und das Protokoll über die Übergangsbestimmungen).

5. Von der Osterweiterung im Mai 2004 bis Dezember 2008 stimmten die Mitgliedstaten im Durchschnitt 9 Prozent der Ratsentscheidungen nicht zu. Im Durchschnitt der osteuropäischen Mitgliedstaaten betrug diese Quote nur 6 %. Vgl. Stefanie Bailer, Mikko Mattila, Gerald Schneider, „Money makes the EU go round: The Objective Foundations of Conflict in the Council of Ministers", Journal of Common Market Studies 53, 2015. (S. 437–456).

6. Standard Eurobarometer 85, 2016, Anhang.

7. Von 2008 bis 2015 war der Nettotransfer aus dem EU-Haushalt pro Einwohner am größten in Griechenland. Litauen, Estland, Ungarn, Lettland, Portugal, Tschechien, Polen, Slowakei, Slowenien, Bulgarien, Malta und Rumänien (in absteigender Reihenfolge). Quelle: Matthias Kullas, Matthias Dauner, Urs Pötzsch, Iris Hohmann, Umverteilung zwischen den EU-Mitgliedstaaten, Centrum für Europäische Politik (cep), Freiburg/Brsg., September 2016, Schaubild 2.1. Die Autoren berichten zusätzlich über die Zinsvorteile, die die Staaten von der Europäischen Investitionsbank und durch die Finanzhilfen im Rahmen der Eurokrise erhalten haben.

8. Die Nettoforderungen der internationalen Banken an Osteuropa beliefen sich 2016 auf 250 Mrd. Dollar (Bank for International Settlements: www.bis.org/statistics/a3_1.pdf).

9. Martin Seidel, „Die Zukunft der Europäischen Währungsunion: Kommentar" in Zentrum für Europäisches Wirtschaftsrecht der Universität Bonn (Hg.), Zwanzig Jahre Zentrum für Europäisches Wirtschaftsrecht, 22. Europa Symposium, Sammelband 200, 2013. Nr. 200/3, 2013. (S. 43, 45 f., 46).

10. Frankfurter Allgemeine Zeitung, 21.10.2015.

11. Urteil des Zweiten Senats vom 12. Oktober 1993 (2 BvR 2134).

12. Lasse Schulze, „Reform der Abstimmungsregeln und Inflationspräferenz im EZB-Rat", Wirtschaftsdienst, 2005/11. (S. 724–730).

13. Zum Beispiel: Dirk Meyer (2011), Wilhelm Hankel (2013), Wolf Schäfer (2013) und Ulrich von Suntum (2014). Der Vorschlag einer kaufkraftgesicherten europäischen Parallelwährung ist jedoch viel älter und wurde schon lange vor der europäischen Währungsunion von verschiedenen Autoren in die Diskussion gebracht – zum Beispiel von Christian von Weizsäcker (1972), Herbert Giersch (1973) und den Unterzeichnern des „All Saints' Day Manifesto" (The Economist, 01.11.1975), darunter neben Giersch Georgio Basevi, Michele Fratianni, Pieter Korteweg, David O'Mahoney, Michael Parkin, Theo Peeters, Pascal Salin und Niels Thygesen. Vgl. mein Buch „Strategies for Currency Unification: The Economics of Currency Competition and the Case for a European Parallel Currency, Tübingen 1978.

14. ec.europa.eu/economy_finance/euro/cash/legal_tender/index. Das Zitat wurde von mir aus dem Englischen übersetzt.

15. Ich habe dieses Kriterium in folgendem Aufsatz vorgestellt: „Real Exchange-Rates in the European Community: A New Approach to the Determination of Optimum Currency Areas", Journal of International Economics 8, 1978. (S. 319–340).

16. Volker Nitsch, „Have a break, have a [...] national currency: When do monetary unions fall apart?", in: Paul de Grauwe, Jacques Mélitz (Hg.), Prospects for Monetary Unions after the Euro, Cambridge, Mass., 2005.

17. Harmonisierter Verbraucherpreisindex. Geometrische Durchschnitte. Für die Jahre, in denen ein Land noch nicht der Währungsunion beigetreten war, wurde sein Euro-Preisindex als Produkt seines nationalen Preisindexes und des Euro-Wechselkurses berechnet. Das betrifft die Nachzügler Griechenland, Slowenien, Malta, Zypern, Slowakei, Estland, Lettland und Litauen. Wenn ein Land zum Beispiel aufwertete, verteuerten sich seine Güter in Euro gemessen.

18. Das liegt daran, dass der Euro nur ein Gleichgewicht für die handelbaren Güter herstellt. Je schneller eine Volkswirtschaft wächst, desto stärker verteuern sich aber die nicht handelbaren Güter, deren Preise ja auch in den Preisindex eingehen, gegenüber den handelbaren Gütern. Diese Gesetzmäßigkeit ist als „Balassa-Effekt" bekannt.

Printed in the United States
By Bookmasters